KB234010

태양제국 가는 길에
상상력 좀 키웠습니다

과학 선생님들의 스승
권재술 교수의 사(思)차원 수업

태양제국 가는 길에
상상력 좀 키웠습니다

글 권재술 │ 그림 김우람

특별한서재

인간은 상상하는 존재입니다. 현실에서 갈 수 없는 곳을 가려 하고, 할 수 없는 일을 하고자 하는 존재가 바로 인간이지요. 그 상상이 우리를 달로, 화성으로, 그리고 저 먼 우주로 데려갈 거예요.

인간의 지식이 발달하면서 상상할 수 있는 범위도 더 넓어졌어요. 100여 년 전만 해도, 인간이 상상할 수 있는 것은 고작 이 지구와 눈으로 볼 수 있는 해와 달 그리고 하늘의 별이 전부였어요. 하지만 우리는 이제 눈에 보이는 해와 달 그리고 별이 우주의 전부가 아니라는 것을 알게 되었어요. 그렇다고 우리가 모르는 영역이 줄어든 것은 아니에요. 오히려 우리가 모르는 세상은 옛날보다 더 크고,

웅대하고, 방대해졌어요. 그만큼 우리의 상상이 펼쳐질 공간이 넓어
졌다는 말이지요.

앎이 더해질수록 궁금증도 따라서 깊어지고 넓어졌어요. 막연하
게 궁금하던 것이 더 구체적으로 궁금해졌어요. 막연한 궁금증에서
이유가 있는 궁금증으로, 더 분명하고 구체적인 궁금증으로 진화하
게 되었어요.

3차원에서 사는 우리가 더 높은 차원을 생각하기는 쉽지 않아요.
하지만 수학의 발달로 더 높은 차원의 모습을 그려 볼 수도 있고 계
산할 수도 있게 되었어요. 막연하고 신비하기만 하던 4차원 세계는
물론, 10차원 더 나아가 무한 차원에 대한 상상을 펼칠 수 있게 되
었어요.

이 우주는 어떤가요? 별이 어디서 와서 어디로 가는지 몰랐을 때
우주는 신의 전유물이었고, 인간이 가까이할 수 없는 불가사의의
영역이었어요. 하지만 이제는 별이 어디서 와서 어디로 가는지, 별
의 운명이 어떻게 될지 많은 것을 알게 되었어요. 우주의 탄생과 미
래에 대해서도 많은 이야깃거리가 생겨났어요. 그만큼 우리의 상상
력은 먼 우주로 뻗어 갈 수 있게 되었어요.

이제 우주는 신만이 아는 신비한 공간이 아니라 우리가 만지고
상상하고 꿈을 꿀 수 있는 공간이 되었어요. 아직 우리가 별까지 갈
수는 없지만, 별까지 가는 방법을 구체적으로 상상할 수 있게 되었
어요. 여러분의 이런 상상이 언젠가는 태양계를 벗어나 우리 인류

를 저 먼 우주로 데려갈 겁니다.

이 책에서 상상하는 우주와 우리 인류의 미래는 말 그대로 상상이에요. 이 책은 인류가 이 태양계를 완전히 지배하고, 나아가 다른 별로, 다른 은하로, 그리고 또 다른 우주로 가는 황홀한 상상을 담았어요. 어디까지나 상상일 뿐이지만, 그렇다고 그런 상상이 무의미한 것은 아니에요. 모든 발견과 발명은 그것이 현실에서 이루어지기 전에는 모두 상상이었어요. 상상이 없었다면 그런 발견과 발명도 현실에서 이루어지지 못했을 거예요. 그러니 상상이야말로 모든 발견과 발명의 어머니라고 할 수 있어요.

지금 이 지구에 사는 우리 인류의 모습을 보면, 인류의 미래가 이 책에서 그리고 있는 것처럼 그렇게 희망적이지는 않아요. 지금 이루어지고 있는 환경파괴는 인류의 미래를 매우 불안하게 해요. 비록 어떤 행운이 따라와서 지구의 환경문제를 해결한다고 해도, 우주로부터 오는 상상도 할 수 없는 위협까지 우리 인류가 극복할 수 있을지는 장담하기 참 어려워요. 그렇다고 희망을 버릴 필요는 없어요. 인간이 비록 이기적이고 위험한 일을 저지르는 존재이기는 하지만, 그래도 인간 내면에 깊이 뿌리내리고 있는 서로에 대한 사랑을 믿어야 해요. 이 근원적인 사랑이 분명히 우리 인류를 구원할 수 있다고 믿어요.

 태양제국 가는 길에 상상력 좀 키웠습니다

이 책은 이런 간절함을 담았어요. 간절함과 믿음이 없다면 인류는 희망이 없어요. 여러분은 믿음을 가져야 해요. 여러분의 믿음이야말로 우리 인류의 마지막 희망이니까요.

이 책에서는 여러분에게 상상할 수 있는 날개를 달아 주고자 했어요. 2차원이나 4차원 세계를 더 구체적으로 상상할 수 있는 날개, 외계인이 있는지 그들은 우리와 얼마나 다른지 상상할 수 있는 날개, 인류의 미래가 어떠할 것이며, 인류의 운명은 어떻게 될 것인지 상상할 수 있는 날개, 우리가 볼 수도 없고, 갈 수도 없는 저 광활한 우주를 상상할 수 있는 날개, 그리고 우리의 우주가 아닌 다른 어딘가에 있을지도 모르는 다중 우주와 평행 우주를 상상할 수 있는 날개를 달아 주려고 했어요.

바라기는 이 책을 읽는 모든 사람이 이 책이 제공하는 상상의 날개를 달고, 저 우주로, 저 신비한 세상으로 훨훨 날아갈 수 있기를 바라요. 여러분의 상상이 여러분의 미래를 더 성공적이고 풍부하게 만들어 줄 뿐만 아니라, 우리 인류를 구원하는 원동력이 되기를 바라면서 우리의 희망인 청소년과 우주와 인류의 미래를 궁금해하는 모든 이에게 이 책을 바칩니다.

2025년 여름

권재술

▌차례▌

머리말

플랫랜드

웃기는 세상 플랫랜드
놀라운 세상 하이퍼랜드

플랫랜드

웃기는 세상 플랫랜드
놀라운 세상 하이퍼랜드

점은 알고 있다

점,

부피도
넓이도
길이도 없는

아무것도 아닌 점 하나

이 점 하나 움직이면 선이 되고
선이 움직이면 면이 되고
면이 움직이면 입체가 되고

입체가 움직이면 무엇이 될까?

아무것도 아닌 점,

그러나
세상 모든 것은 점!

POINT LAND

LINE LAND

FLAT LAND

SPACE LAND

HYPER LAND

1

차원 만들기

우리는 공간 속에서 살고 있어요. 어디 우리뿐인가요. 모든 물체가 공간에 있지요. 공간은 물질이 사는 집이자 뛰어노는 운동장이라고 할 수 있어요. 하지만 공간은 볼 수도 만질 수도 없죠. 그렇다면 이런 공간이 정말 있기는 하는 건가요?

연필로 종이에 점을 하나 찍어 보세요. 그리고 그 점을 돋보기로 보면 그냥 점이 아니라 어느 정도 나름의 크기가 있다는 걸 알 수 있어요. 연필심을 좀 더 뾰족하게 깎아서 찍으면 점이 좀 더 작아지겠지만 그래도 크기가 있어요. 그렇게 작고 작은 점을 계속 찍어 가다 보면 어떻게 될까요? 아무런 크기도 없는 점을 만드는 것이 가능할까요?

아무리 연필심을 날카롭게 깎아도 크기가 없는 점을 찍을 수는 없어요. 그렇다고 하더라도 아무 크기도 없는 점을 '상상'해 볼 수는 있어요. 아무런 크기도 없는 공간을 수학적으로 '점Point'이라고 해요. 이 점은 길이도 넓이도 부피도 없어요. 그렇다고 이 점을 아무것도 아니라고 무시하지는 마세요. 이제부터 아무것도 아닌 이 점이 부리는 마술이 펼쳐집니다.

여기 점이 하나 있어요. 이 점이 옆으로 움직이면 점이 지나간 자리가 만들어지겠지요? 이 점이 지나간 자리가 무엇일까요? 그래요. '선'이에요. 점이 똑바로 지나가면 직선이 만들어지고, 점이 구불구불 지나가면 곡선이 만들어져요. 직선이건 곡선이건 선에는 길이가 있어요. 점이 움직이면서 길이를 만든 거예요. 이것이 바로 점이 부리는 첫 번째 마술이에요.

선은 길이는 있지만 폭은 없어요. 즉, 넓이가 없어요. 그렇다면 이번에는 넓이가 없는 선이 움직이면 어떻게 될까요? 하나의 직선이 움직인다고 생각해 보세요. 그러면 이 직선이 지나간 자리가 생기겠지요? 직선이 지나간 곳엔 어떤 모양이 생길까요? 바로 '면'입니다. 직선이 똑바로 지나가면 평면이 만들어지고 구불구불하게 지나가면 울퉁불퉁한 곡면이 만들어지는 거예요.

여기서 주의해야 할 것이 있어요. 직선을 움직이는데, 직선에 수직인 방향이 아니라 나란한 방향으로 움직이면 어떻게 될까요? 선이 길어지기는 하겠지만 지나간 자리가 면이 되지는 않아요. 선이

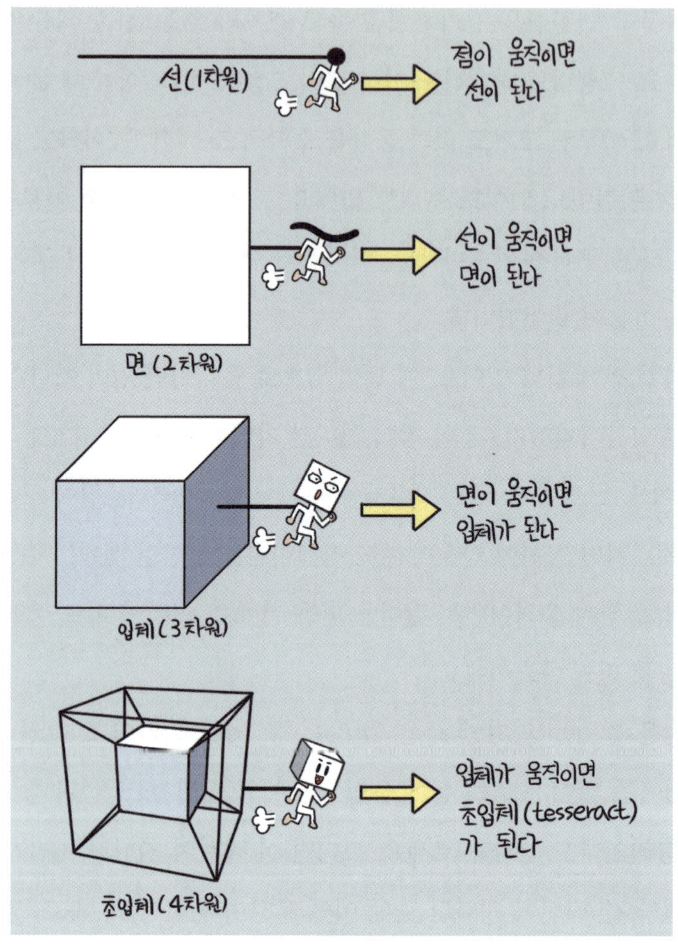

점이 부리는 마술

지나간 자리가 면이 되기 위해서는 선에 수직인 방향으로 움직여
야 해요. 가로로 있는 선은 세로로 움직여야 하고, 세로로 있는 선
은 가로로 움직여야 해요. 이렇게 길이만 있고 넓이가 없는 선이

   태양제국 가는 길에 상상력 좀 키웠습니다

지나간 자리는 넓이가 있는 면이 됩니다. 이것이 점이 부리는 두 번째 마술이에요.

그러면 점이 부리는 세 번째 마술은 뭘까요? 평면을 생각해 볼게요. 종이 한 장을 생각하면 되겠죠? 이 종이가 면에 수직인 방향으로 움직이면 그 지나간 자리에는 무엇이 만들어질까요? 부피가 만들어지지 않았나요? 부피가 있는 공간을 입체라고 해요. 그런데 여기서도 조심해야 해요. 면을 움직이되 면에 '수직'으로 움직여야 해요. 가로와 세로로 이루어져 있는 면을 가로나 세로로 움직이면 면이 더 넓어질 수는 있어도 입체가 되지는 않아요. 면이 움직여서 입체가 되려면 면에 수직으로 움직여야 해요. 가로와 세로로 이루어진 면은 '높이' 방향으로 움직여야 해요. 면이 움직여서 입체가 만들어지는 것이 바로 점이 부리는 세 번째 마술이에요.

점, 선, 면, 입체는 모두 점으로부터 만들어졌지만, 그 특성이 아주 달라요. 점은 길이도, 넓이도, 부피도 없지만, 점이 만든 선은 길이가 있고, 선은 길이는 있지만 넓이가 없는데, 선이 만든 면은 넓이가 있고, 면은 넓이는 있지만 부피는 없는데, 면이 만든 입체는 부피가 있어요.

점은 길이도 넓이도, 부피도 없어요. 다만 '위치'만 있어요. 그래서 점을 0차원 공간이라고 해요. '길이'가 있는 선은 1차원 공간이라고 해요. 면은 그럼 몇 차원일까요? 면은 가로와 세로가 있어요. 면에

있는 위치를 표시하기 위해서는 가로의 위치와 세로의 위치를 표시
해 주어야 해요. 그래서 면은 두 개의 차원(가로와 세로)이 있다고 해
서 2차원 공간이라고 해요. 마지막으로, 입체의 위치를 표시하기 위
해서는 가로와 세로뿐만 아니라 높이도 알아야 해요. 입체 공간에
서 위치를 표시하기 위해서는 세 개의 차원(가로, 세로, 높이)를 알아
야 하므로 3차원이라고 해요.

이렇게 우리는 점이 부리는 세 가지 마술을 보았어요. 이것으로
점이 부리는 마술은 끝일까요? 다행히도 점이 부리는 마술은 아직
끝나지 않았어요. 점이 부린 네 번째 마술은 무엇일까요? 입체가 움
직이면 무엇이 만들어질까요? 그런데 입체를 어느 방향으로 움직여
야 할까요? 앞에서 우리는 가로와 세로로 된 2차원 면을 움직여서 3
차원 입체를 만들기 위해서는 가로와 세로에 수직인 '높이' 방향으
로 움직여야 한다는 것을 알았지요? 가로와 세로로 된 면을 가로로
움직이거나, 세로로 움직이거나 가로와 세로의 중간 어느 방향으로
움직인다고 해서 입체가 만들어지지는 않았어요. 반드시 가로와 세
로에 수직인 방향으로 움직여야 입체가 만들어졌어요.

입체를 움직일 때도 같은 방식으로 해야 다른 차원의 공간이 만
들어져요. 가로, 세로, 높이로 만들어진 3차원 입체가 움직여서 새로
운 4차원을 만들기 위해서는 이 입체를 가로나 세로나 높이 방향으
로 움직여서는 안 되고, 반드시 가로에도 수직, 세로에도 수직, 그리
고 높이에도 수직인 방향으로 움직여야 해요.

 태양제국 가는 길에 상상력 좀 키웠습니다

한번 찾아볼까요? 지금 여러분이 있는 방의 구석 모서리를 봐 보세요. 방의 모서리는 가로, 세로 높이가 만나는 곳이에요. 여기에 막대기를 하나 가지고 가로, 세로, 높이에 수직인 방향을 찾아보세요. 찾을 수 있나요? 절대로 찾을 수 없을 거예요. 왜 그럴까요? 방이 3차원 공간이기 때문이에요. 3차원 공간에서는 당연히 4차원 축인 가로, 세로, 높이에 수직인 축을 찾을 수가 없지요.

생각해 보세요. 가로와 세로로 된 2차원 평면에서 가로와 세로에 수직인 높이 축이 있나요? 없어요. 높이는 가로와 세로로 된 2차원 평면 공간에서는 없는 방향이에요. 높이는 3차원 공간에 있는 축이에요. 여러분이 가로와 세로에 수직인 높이 축을 쉽게 찾을 수 있는 것은 여러분이 3차원 인간이기 때문이에요. 만약 여러분이 2차원에 사는 2차원 인간이라면 높이라는 축을 볼 수도 생각할 수도 없어요. 2차원인 면을 움직여서 3차원 입체를 만들려면 2차원에서는 불가능하고, 높이가 있는 3차원 공간으로 들어가야 해요. 마찬가지로, 가로, 세로, 높이로 이루어진 3차원 공간에서는 이 세 축에 수직인 축을 찾을 수도 만들 수도 없어요. 그 새로운 축은 3차원이 아닌 4차원에 있기 때문이에요.

머리가 좀 아프지요? 아무래도 경험해 보지 못한 것을 머릿속으로 구상해 보려니 너무나 어렵지요? 그런데, 우리가 경험해 보지 못했다고 그런 공간이 없다고 해도 될까요? 그럴 수는 없어요. 우리가 모른다고 해도 그런 세상은 얼마든지 있을 수 있어요. 수학적으로

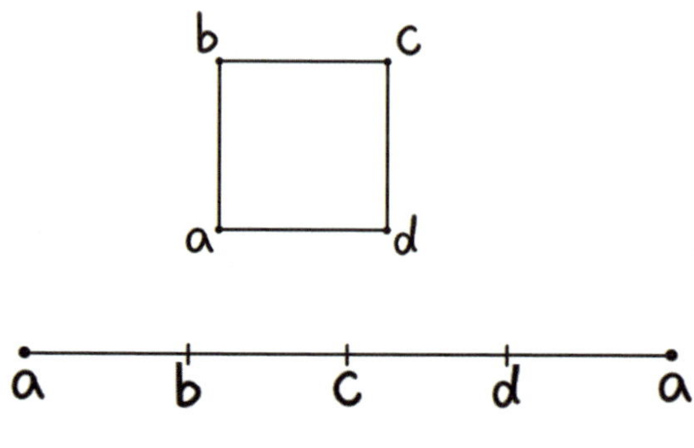

2차원 정사각형을 1차원으로 만들기

는 4차원 공간뿐만 아니라 5차원, 6차원, 나아가 무한 차원까지 가능해요.

이 새로운 4차원 축에 이름을 지어 보면 어떨까요? 아직 이름이 없으니 우리가 한번 지어 봐요. 이름은 중요해요. 이름이 있어야 불러라도 볼 수 있지 않겠어요? 흠, 4차원 축을 잘 나타내려면 어떤 이름이 좋을까요? 쉽지 않네요. 그래도 이름은 지어야 해요. 에라, 모르겠다. 그냥 '덮이'라고 합시다. 어때요? 가로, 세로, 높이, 그리고 덮이! 이제부터 우리는 4차원의 축을 덮이라고 부를게요. 3차원은 가로, 세로, 높이로 이루어진 공간이라면, 4차원은 가로, 세로, 높이, 덮이로 이루어진 공간이에요. 이제 가로, 세로, 높이로 된 3차원 입체를 덮이 방향으로 움직이면 만들어지는 것이 바로 4차원이에요.

태양제국 가는 길에 상상력 좀 키웠습니다

우리는 3차원에서 태어나 3차원에서만 살아와서 4차원을 볼 수도, 만질 수도, 만들 수도 없어요. 하지만 상상할 수는 있어요. 그리고 수학적으로 4차원을 '계산'할 수도 있어요. 이 신기한 세계가 궁금하지 않나요? 4차원 입체는 어떻게 생겼을까요? 수학적으로 계산하고 상상해 볼게요.

자, 2차원 평면에 있는 점들을 1차원 선에 모두 찍어 놓으면 어떻게 될까요? 정사각형을 상상해 보세요. 정사각형은 2차원이에요. 이것을 펴서 1차원에 옮겨 볼게요. 그냥 직선이 되지 않겠어요? 그런데 이상한 것은 2차원 공간에 있던 네 모서리 점이 1차원에서는 어디에 가 있을까요? '2차원 정사각형을 1차원으로 만들기' 그림을 자세히 보세요. 점 a가 한 점이 아니라 두 점이 되어 버렸어요. 과연 1차원 인간이 이것을 보고 2차원 사각형을 머리에 그릴 수 있을까요? 마찬가지로 4차원도 3차원이나 2차원에 그리면 원래의 모습은 사라지고 말아요.

다음 그림은 4차원 입방체를 억지로 그려 본 것이에요. 엉터리는 아니지만 4차원의 본래 모습은 아닙니다. 3차원 입방체를 큐브(육면체)라고 부르듯이, 이 4차원 입방체를 테서랙트^{Tesseract},

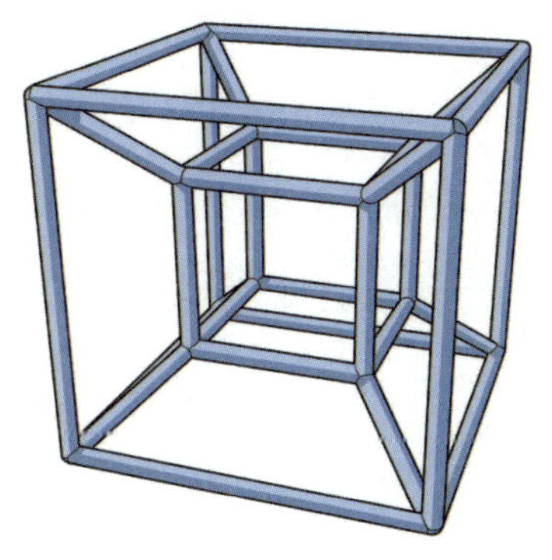

4차원 입방체

또는 초입방체Hypercube라고 불러요. 어때요? 여러분이 상상해 본 모양과 같나요?

자, 지금까지 우리는 점이 부리는 마술을 통해서 차원이 어떻게 만들어지는지 알아보았어요. 그렇다면 이제 함께 차원에 이름을 붙여 볼까요?

0차원은 점이니 포인트랜드Point Land라고 해 볼게요. 그러면 1차원은 선이므로 라인랜드Line Land, 3차원은 입체이므로 스페이스랜드Space Land, 마지막으로 4차원은 하이퍼랜드Hyper Land라고 부를게요. 그리고 거기에 사는 사람들을 각각 포인트맨, 라인맨, 스페이스맨, 하이퍼맨이라고 부르기로 해요.

공간에서 가장 기본이 되는 것은 위치예요. 공간을 이해한다는 것은 위치를 이해하는 거예요. 여러 차원에서 위치를 어떻게 표시하는지 알아볼까요? 0차원인 점의 위치를 표시하기 위해서는 아무런 숫자도 필요 없어요. 아무런 숫자도 필요 없으니 0차원이라고 하는 거예요. 어때요? 기억하기 쉽죠? 1차원에서 위치를 표시하기 위해서는 숫자 하나면 충분해요. 경부선 철도 노선이라는 1차원 선에서 서울을 기준으로 대전, 대구, 부산의 위치를 어떻게 표현하면 될까요? 간단해요. 대전의 위치는 서울에서 200km, 대구는 300km, 부산은 450km 이렇게 위치를 표시하면 돼요. 간단하죠? 1차원은 숫자 하나로 표현이 가능해요. 혹시 300이 숫자 3개라고 생각

 태양제국 가는 길에 상상력 좀 키웠습니다

하나요? 숫자가 3개이기는 하지만, 300이라는 값은 한 개의 값이므로 숫자 하나라고 말하는 겁니다.

그렇지만 우리나라의 각 지역을 이렇게 1차원으로 표현하는 것이 위치를 완전하게 표현하는 것은 것은 아니에요. 광주의 위치를 정확하게 표현하려면 어떻게 해야 할까요? 광주는 경부선상에 있지 않아요. 서울-대전-대구-부산을 한 선으로 표시하면 '서울-대전-전주-광주'는 다른 선으로 표시해야 해요. 다시 말하면 실제 서울, 대구, 부산, 대전, 광주는 1차원에 있는 위치들이 아니지요. 지구의 표면은 1차원이 아니라 2차원이에요. 2차원에서 위치를 표시하기 위해서는 숫자 2개가 필요해요.

지도에는 위도와 경도가 표시되어 있어요. 위도는 남북 방향이고, 경도는 동서 방향이지요. 지구 표면의 한 지점의 위치를 표현하기 위해서는 경도는 얼마, 위도는 얼마 이렇게 두 가지 값을 사용해야 해요. 서울은 위도는 37.3도, 경도는 126.6이고 충청북도 청주는 위도는 36.6도, 경도는 127.5도에요. 즉, 숫자 2개가 필요하지요.

그런데 더 정확하게 보자면, 지구 표면은 평평한 것이 아니라 산도

세계 도시들의 위치 (위도, 경도)	
서울(대한민국)	(37.3, 126.6)
베이징(중국)	(39.6, 39.9)
동경(일본)	(40.8, 139.3)
뉴욕(미국)	(40.7, -73.9)
런던(영국)	(51.5, -1.1)
파리(프랑스)	(48.9, 2.3)
모스크바(러시아)	(55.8, 37.6)
시드니(호주)	(-33.9, 151.2)

* 위도 기준(0도)은 적도, 경도 기준(0도)은 영국의 그리니치 천문대

있고, 골짜기도 있어요. 백두산 천지의 위치를 위도와 경도로만 표시하면 백두산 천지가 얼마나 높은지 알 수 없어요. 그래서 위도, 경도, 그리고 고도(높이)까지 표시해야 더욱 정확한 위치를 알 수 있어요. 3차원에서 위치는 숫자 3개가 필요해요.

정리하면 1차원 위치를 표현하기 위해서는 숫자 1개, 2차원 위치는 숫자 2개, 3차원은 숫자 3개가 필요해요. 만약 위치를 표현하는데 숫자 4개가 필요하다면 그 공간은 4차원이 되는 거예요.

태양제국 가는 길에 상상력 좀 키웠습니다

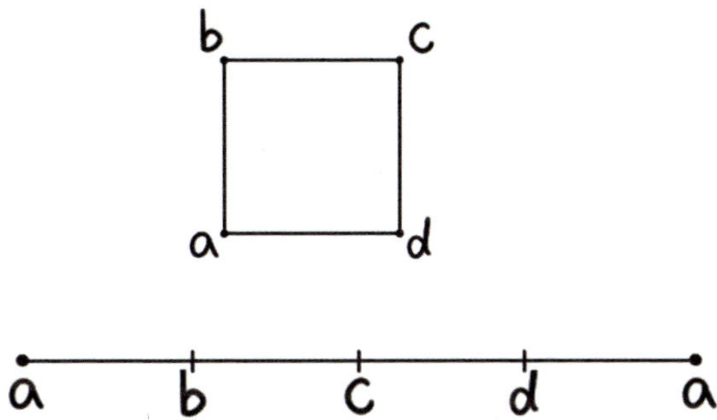

1. 2차원 입방체(스퀘어)를 1차원에 펼치기

2차원의 정사각형을 일차원에 펼치면 그림과 같아요. 여기서 점 a는 2차원에서는 한 점이지만 1차원에 펼쳐 놓으면 양 끝에 나타나지요.

💡 생각해 보기

1) a는 한 점일까요? 서로 다른 두 점일까요?
2) 선을 접어서 정사각형을 만들어 보세요.

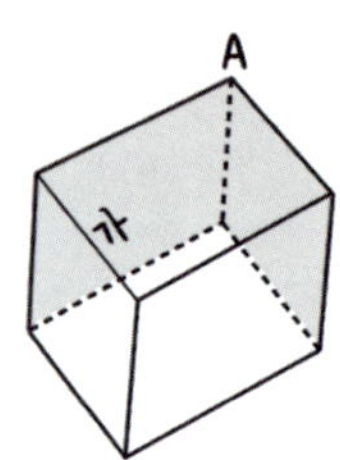

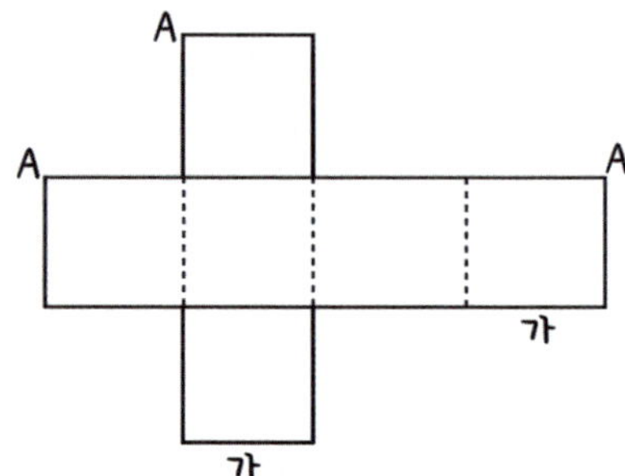

2. 3차원 입방체(큐브)를 2차원에 펼치기

3차원 입방체(큐브)를 2차원 평면에 펼쳐 놓으면 그림가 같아요. 그림을 자세히 보면, 꼭지점 A가 3차원에서는 한 점이지만, 2차원에 펼쳐 놓으면 세 곳에 있어요. 변 '가'도 3차원에서는 한 개이지만, 2차원에서는 두 곳에 나타나요.

💡 **생각해 보기**

1) A는 같은 한 점일까요? 서로 다른 세 점일까요?

2) '가'는 같은 한 변일까요? 서로 다른 두 변일까요?

3) 면을 접어서 육면체를 만들어 보세요.

     태양제국 가는 길에 상상력 좀 키웠습니다

3. 4차원 입방체(테서랙트)를 3차원에 펼치기

4차원 입방체는 우리가 상상하기 매우 어려워요. 그래도 펼친 그림을 그려 볼 수는 있어요.

4차원 입방체를 3차원에 펼치면 위의 그림처럼 평면도가 아니라 입체가 되어요.

💡 **생각해 보기**

1) 면은 몇 개일까요? 이 면의 수가 원래 4차원 입방체 면의 수와 같을까요?

2) 원래 4차원 입방체를 만들려면 상자들을 어떻게 접어야 할까요?

직선만 있는 세상

세상이 온통 직선이라네

삼각형도
사각형도
동그라미도

모두 직선이라네

직선 위에서 펼쳐지는

파란만장의 삶과
아름다운 사랑과
애처로운 이별

곡예사처럼 직선만 보며
아슬아슬하게 살아가는 세상,

플랫랜드

나는 삼각형이야
너는 직선이야
2차원 인간
나는?
너도 직선이야!
2차원 인간
나는?
너도 직선이야!
2차원 인간
3차원 인간
나는?
너도 직선이야!
2차원 인간
뭐라꼬!?
3차원 인간
헤헤...
2차원 인간

플랫랜드
: 직선만 보이는 세상

앞에서 우리가 차원에 이름을 붙였던 것 기억하고 있나요? 그렇다면 이제 우리가 함께 이름을 붙였던 차원을 탐구해 볼 거예요.

2차원 플랫랜드부터 살펴볼게요! 2차원 플랫랜드는 앞뒤와 좌우가 있지만 높이가 없는 세상이에요. 2차원 세상에서 물체는 어떤 모습으로 보일까요? 평면이기는 하지만 여러 가지 모양의 물체가 있을 수 있어요. 2차원이니 삼각형도 있고, 사각형도 있고, 원도 있을 거예요. 하지만 두께는 없어요. 두께가 없는 물체라니? 이상하지 않나요? '아무리 얇아도 두께가 없는 물체가 어떻게 있을 수 있지?' 이런 생각은 3차원에 사는 우리의 생각일 뿐이에요. 2차원 세상에는 두께라는 개념도 없어요. 만약 여러분이 플랫랜드에 사는 사람에게 두께나 높이에 대해서 이야기하면 그들은 무슨 의미인지 전혀 이해하지 못할 거예요.

플랫랜드가 어떤 모습일지 떠올리는 게 어렵다면, 그림자를 생각하면 조금 이해가 될 거예요. 땅에 생긴 그림자를 보세요. 모양은 있지만 두께가 있나요? 2차원에 있는 모든 물체는 그림자와 같다고 보면 돼요. 그런데 플랫랜드에 있는 사람이 그 모양을 볼 수 있을까요? 땅에 붙어 사는 눈곱만한 벌레를 생각해 보세요. 그 벌레 앞에 500원 짜리 동전이 하나 놓여 있을 때, 그 벌레에게 동전이 둥글게 보일까요? 그저 자기 앞을 엄청나게 긴 직선 물체가 가로막고 있다는 생각하지 않을까요? 마찬가지로 2차원에 사는 플랫맨에게도 동전이 둥글게 보이지 않고 직선으로 보여요.

동전을 책상 위에 올려 놓고 보세요. 위에서 내려다보면 당연히 둥근 모양일 겁니다. 하지만 눈의 높이를 책상과 같게 하고 옆에서 보면 어떨까요? 동전의 둥근 모양이 보이나요? 동전이 그냥 직선으로 보입니다. 다만 동전의 가장자리는 조금 멀리 있는 것으로 보이겠지만 이것을 무시하면 그냥 직선이에요. 이 직선의 길이는 동전의 지름과 같아요. 비록 동전의 모양이 동그랗지만 옆에서 보면 그냥 직선일 뿐입니다. 높이가 없는 2차원 세상에서는 동전을 위에서 내려다볼 수는 없어요. 옆에서만 볼 수 있어요. 그러니 둥근 동전도 직선으로 보여요.

그렇다면 삼각형은 어떻게 보일까요? 삼각형도 마찬가지예요.

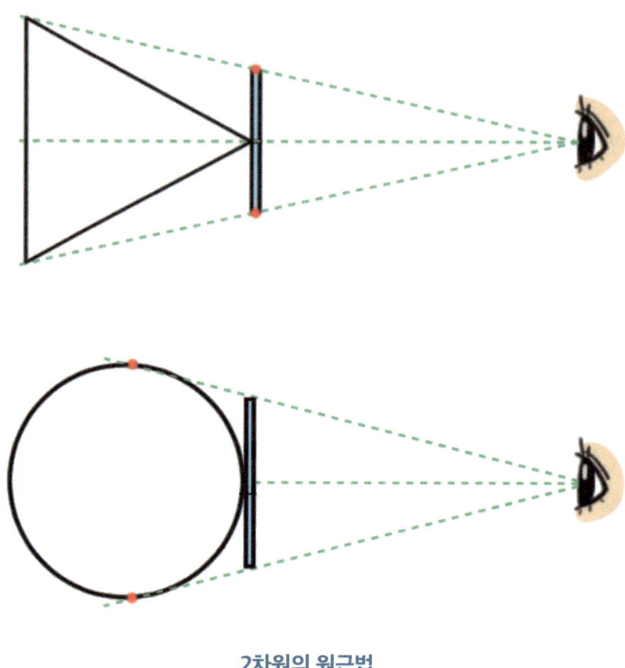

2차원의 원근법

위에서 내려다보면 삼각형으로 보이겠지만 위가 없는 2차원 세상에서는 옆에서만 볼 수 있기 때문에 직선으로 보여요. 삼각형도 직선으로, 사각형도 직선으로, 울퉁불퉁한 이상한 모양도 모두 직선으로 보여요.

　모든 것이 직선으로 보이는 2차원 세상은 참 이상한 세상이지요? 모든 것이 직선으로만 보인다면 물체를 구별하는 것이 가능할까요? 모든 물체가 직선으로 보이는 세상이라면 정말 이상하지요?

　　　태양제국 가는 길에 상상력 좀 키웠습니다

그런 세상에서 어떻게 서로를 구별할 수 있을까요?

플랫랜드에서도 물체를 구별하는 방법이 있기는 해요. 모든 것이 직선으로 보이지만 그 직선의 어떤 부분은 다른 부분보다 좀 멀거나 가깝게 보일 수는 있어요. 동전처럼 둥근 모양이 가장자리로 갈수록 멀어지는 정도와 삼각형 물체가 가장자리로 갈수록 멀어지는 정도가 다르지 않을까요? 그 차이를 이용하면 오랜 경험을 통해서 이것은 원이다, 저것은 삼각형이다, 이렇게 알아볼 수 있지 않을까요?

다른 방법도 있을 수 있어요. 촉감을 이용할 수도 있어요. 삼각형이 있다고 합시다. 물론 직선으로 보이겠지요. 하지만 촉감을 사용한다면 모서리는 날카롭고, 곡선은 매끈하다는 것을 알아낼 수 있을 거예요. 삼각형의 테두리를 돌아가면서 촉감으로 느껴 보면 그것이 삼각형인지, 오각형인지, 원인지 구별할 수 있지 않겠어요? 모서리가 세 번 나타나면 삼각형, 다섯 번 나타나면 오각형, 모서리가 나타나지 않으면 원, 이렇게 말이에요.

또 밝고 어두운 정도나 색깔로 물체를 구별할 수도 있을 거예요. 그것이 사람인지 동물인지, 생물인지 무생물인지 색깔이나 명암 등으로 구별할 수는 있을 거예요. 사람과 동물, 생물과 무생물은 그 특성이 달라 모양도 다르겠지만 색이나 질감도 달라요. 이와 같은 방법으로 2차원 세상에서도 물체를 구별할 수는 있을 겁니다. 그래도 우리처럼 그 물체의 모양을 바로 '볼' 수는 없고, 유추해서 알아

널 수밖에 없겠지요. 우리가 눈으로 보는 것을 그들은 상상이나 계산을 해 보아야 알 수 있을 겁니다.

우리는 이렇게 2차원 플랫랜드의 플랫맨이 보는 세상이 진짜 세상과 아주 다르다는 것을 알았어요. 그들은 물체의 모양조차도 볼 수 없어요. 딱하게 느껴지지 않나요? 과연 3차원 스페이스랜드에 사는 우리는 이 세상을 제대로 보고 있는 걸까요? 만약 4차원에 사는 사람이 우리를 보면 또 얼마나 웃기고 딱하게 보일까요? 4차원 하이퍼랜드에서 보면 우리가 보는 세상은 2차원 플랫맨이 물체를 보는 것처럼 제대로 보지 못하고 있는지도 몰라요. 이렇게 차원이 달라진다는 것은 완전히 다른 세상이 된다는 것을 의미해요.

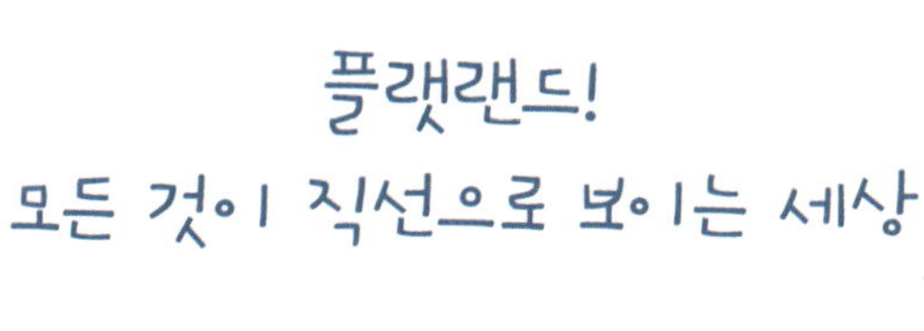

플랫랜드!
모든 것이 직선으로 보이는 세상

과연 3차원에 사는 우리는
이 세상을 제대로 보고 있을까요?

2차원 건축법

선으로 만들어요

벽도 선으로
문도 선으로

굵은 선
가는 선
곧은 선
굽은 선

선만 있으면 돼요

지붕은 없어요
필요도 없어요
만들 수도 없어요

그래도
아침이 오고 저녁이 되는
행복한 우리 집

나 2차원 플랫랜드에 다녀왔어!
어땠어?
모든 게 다 납작해!
사람도 납작하고 집도 납작하고
그들이 나를 신이라고 불렀어!
납작
납작
엥?
신이시여
뭐라고?
신이라고! 신!
으쓱
으쓱

3

플랫랜드에서 한 달 살이

여행에도 유행이 있어요. 여행사를 통해서 이곳저곳 바쁘게 돌아다니는 여행은 단기간에 여러 곳을 경험할 수는 있지만 제대로 보기는 어려워요. 그래서 요즘은 자유롭고 길게 여행하는 한 달 살이 여행이 유행이에요. 제주도에서 한 달 살기, 파리에서 한 달 살기, 로마에서 한 달 살기 이렇게 말이에요. 어느 곳에서 한 달을 살아 보면 그곳의 문화와 사람들이 살아가는 모습에 대해서 비교적 잘 알 수 있게 되지요. 이제 우리 함께 특별한 한 달 살이 여행을 떠나 보면 어떨까요? 아주 신비하고 즐거운 여행을 말이에요.

나는 3차원 스페이스랜드에 살고 있고, 여행을 좋아하는 평범한 사람이에요. 신기한 곳이 있다고 하면 가지 않고는 못 배기는 성질이지요. 어느 날 '플랫랜드에서 한 달 살이 모집'을 한다는 여행사 신문 광고를 보고 눈이 번쩍 뜨였어요. 그렇지 않아도 수학 시간에 배운 2차원 세계가 궁금하던 참인데 당장 달려갔지요. 여행사에 도착해서 보니 신청한 사람이 나 혼자지 뭐예요. 담당자는 나를 보며 "정말 가겠느냐?"라고 묻더군요. 나는 당당히 "예"라고 대답했지요. 그러니 다시, "정말 가겠느냐?" 재차 묻더군요. 나는 더욱 힘을 주어 "예"라고 대답했지요. 그러자 담당자는 고개를 끄덕이며 알약 비슷한 것을 건넸어요. 약을 냉큼 받아 먹자 정신이 몽롱해지더니 꿈인지 생시인지 어지럽기 시작했어요. 비몽사몽 한참을 헤롱거리다 정신을 차리고 보니 눈 앞에 이상한 세상이 펼쳐졌어요. 어라? 플랫랜드에 도착했지 뭐예요.

그렇게 나는 플랫랜드를 여행하게 되었어요. 너무나 재미있었어요. 플랫랜드에서의 생활이 한 달 정도 지났을까요? 길을 걷다가 발을 헛디뎌 그만 미끄러지고 말았어요. 쭉, 아주 쭈욱 미끄러져 버렸지 뭐예요. 머리가 지끈 아파 와 잠시 눈을 감았는데, 엥? 정신을 차려 보니 스페이스랜드로 돌아왔지 뭐예요? 정신을 차리고 집으로 돌아가는데 큰 소동이 일어났어요. 나를 보고 플랫랜드에 다녀온 사람이라며 야단들이었어요. 나는 영문도 모른 채 갑자기 유명한 인물이 되어 있었어요.

여행을 주관한 여행사가 내게 플랫랜드에 다녀온 소감을 말하라며 급하게 강연을 준비했어요. 어안이 벙벙한 채로 저는 사람들이

플랫랜드 강연 모습

가득 모인 연단에 올라갔지요. 우레와 같은 박수가 터져 나오더군요. 마음을 가다듬고 나는 청중을 향해서 근엄한 목소리로 "이렇게 환대해 주서서 감사합니다"라는 말을 시작으로 내가 겪은 플랫랜드에 대해서 강연을 시작했어요. 청중들은 내 강연에 열광했고, 강연은 완전 성공이었어요.

다음은 그 강연을 요약한 것이에요.

    태양제국 가는 길에 상상력 좀 키웠습니다

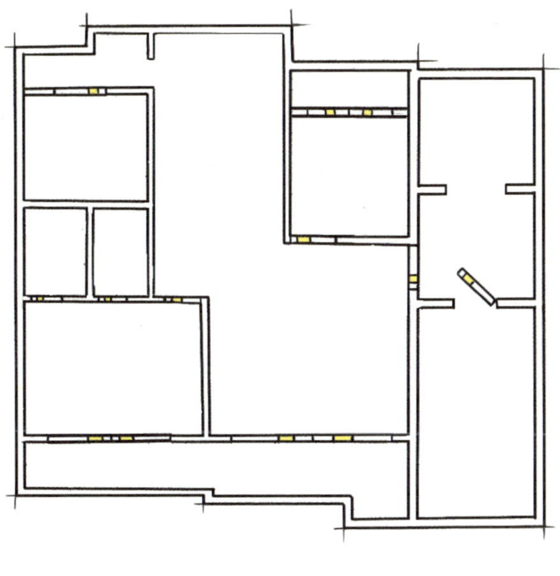

플랫랜드 집의 구조

플랫랜드의 주택

여러분, 플랫랜드는 우리가 상상할 수도 없이 신기한 나라예요.
여러분도 궁금하지요? 이제부터 이 신기한 플랫랜드에서 본 것을
아주 솔직하게 설명해 보겠습니다.

먼저 2차원 플랫랜드의 주거 환경에 대해서 이야기해 볼게요.
2차원 집의 구조는 보통 우리가 보는 아파트의 평면도와 비슷해요.
그런데 이것이 플랫랜드에서는 평면도가 아니라 입면도라는 점이
지요. 그들은 우리가 보는 것과 같은 평면도를 볼 수는 없어요. 앞

에서 그랬지요. 2차원에서는 직선만 보인다고요. 그래서 이 평면도는 3차원에 사는 우리가 보는 모습이지 2차원 인간이 보는 모습은 아니에요. 2차원에서는 높이가 없어서 위에서 내려다볼 수가 없기 때문이에요. 3차원 스페이스랜드에 사는 우리는 집을 지을 때, 먼저 주춧돌을 놓고, 기둥을 세우고, 벽을 만들고 마지막으로 지붕을 덮으면 되지요. 그런데 2차원에도 그렇게 집을 지을까요?

2차원은 높이가 없는 공간이라고 했지요? 그러니 주춧돌이나 기둥은 필요 없어요. 필요 없는 것이 아니라 그런 것은 존재하지도 않아요. 플랫랜드에서 집을 짓는 재료는 선이에요. 선이지만 굵기와 색깔 그리고 재료가 다른 여러 가지 선이 있어요. 직선도 있고 곡선도 있지요. 2차원 플랫랜드에서는 선이 벽도 되고 지붕도 돼요. 선을 그리는 것이 방을 만드는 것이고 집을 짓는 것이에요. 2차원에서의 집짓기는 이렇게 아주 간단해요. 우리가 집을 지을 때 좋은 재료를 사용하기도 하고, 벽을 두껍게도 하고 얇게도 하듯이 그들도 굵은 선을 사용하기도 하고 가는 선을 사용하기도 해요. 그리고 색깔이 다른 선을 사용하기도 해요. 그리고 사용하는 선의 재료도 여러 가지가 있을 수 있어요. 그래서 같은 집이라도 잘 지은 집과 그렇지 않은 집이 있어요. 당연히 비싼 집도 있고 대충 지은 싸구려 집도 있지요.

플랫랜드의 집도 창문을 낼 수도 있고 선을 구부려 여러 가지 모양의 벽을 만들 수도 있어요. 당연히 집에 방도 여러 개를 만들 수 있어요. 우리가 보기엔 지붕도 없는 이상한 집이지만 플랫맨들은 높이를 볼 수도 느낄 수도 없으니 이 집의 위가 뻥 뚫려 있다는 생각은 절대로 할 수 없어요.

어느 날, 플랫랜드의 감옥을 구경할 기회가 있었어요. 우리 3차원 스페이스랜드의 감옥은 사방에 벽이 있고 천장도 막혀 있어요. 감옥에 들어가거나 나오기 위해서는 벽에 나 있는 문을 통해서만 가능해요. 그런데 플랫랜드의 감옥은 선으로만 둘러싸여 있었어요. 선으로 된 문을 잠가 놓으면 도망가는 것이 불가능해요. 하지만 3차원에 사는 내가 보기엔 이런 감옥은 감옥도 아니었어요. 지붕이 없으니 뻥 뚫린 천장 쪽으로 얼마든지 탈출할 수 있지 않겠어요? 나는 장난기가 발동하여 감옥에 있는 사람 하나를 집어서 들어다가 밖에 내다 놓았어요. 그랬더니 야단이 났어요. 감옥의 문을 열지도 않았는데 죄수가 사라졌다고 말이에요. 그래서 나는 얼른 그 사람을 들어서 다시 감옥 속에 넣어 주었어요.

내 장난 때문에 플랫랜드에서 큰 소동이 일어났어요. 감옥 문을 잠가 놓았는데도 사람이 뿅 하고 사라졌다가 다시 뿅 하고 나타났다고 온갖 언론과 미디어에서 야단이 났지 뭐예요.

그뿐이 아니에요. 다음의 '3차원 매듭' 그림을 보세요. 우리가 보기에 이 매듭은 한 가닥의 실이 서로 위아래로 꼬여 있는 모양이에요. 우리에게 이런 매듭을 푸는 것은 일도 아니지요? 그런데 이 매듭을 플랫맨들도 쉽게 풀 수 있을까요?

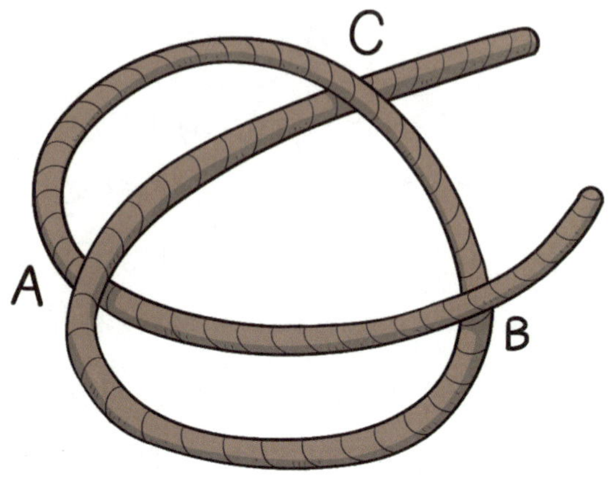

3차원 매듭

2차원에서 이 매듭은 어떻게 보일까요? 겹쳐져 있는 부분(A, B, C)을 잘 보세요. 우리가 보기에 끈이 하나는 위에 하나는 아래에 있지요. 하지만 2차원에서는 위나 아래가 없잖아요? 그들에게는 이것은 이 매듭 부분이 매듭이 아니라 끈과 끈이 서로 붙어 있는 것으로 보여요. 그래서 플랫랜드에서는 끈을 자르지 않고 이 매듭을 푸는 것은 불가능해요.

나는 그 사람들 앞에서 간단하게 이 매듭을 풀어 보여 주었어요. 그들은 도무지 이해하지 못했어요. 그들은 내가 무슨 마술을 부린다고 생각하는 것 같았어요. 감옥에 있는 사람을 문도 열지 않고

 태양제국 가는 길에 상상력 좀 키웠습니다

밖으로 꺼내지 않나, 붙어 있는 끈을 자르지도 않고 풀어 버리지 않나, 본의 아니게 나는 마술사가 되어 버렸답니다.

플랫랜드 사람들

이번에는 플랫랜드에 사는 사람들에 대해서 설명해 보겠습니다.

플랫랜드에 사는 사람들은 모두 납작해요. 남자나 여자나 모두 납작해요. 그냥 납작한 게 아니라 그림자처럼 완전히 두께가 없이 납작해요.

플랫맨의 모습은 다음의 그림과 같아요. 왼팔은 앞에, 오른팔은 뒤에 있어요. 그런데 재밌는 것은 왼팔이 뒤로 갈 수도 없고, 오른팔이 앞으로 갈 수도 없어요. 태어날 때부터 왼팔은 앞, 오른팔은 뒤로 결정되어 있어요. 죽을 때까지, 아니 죽어서도 이것을 바꿀 수는 없어요. 발도 마찬가지예요.

그들은 자기의 두 손을 절대로 맞잡을 수도 없어요. 항상 하나는 뒤에 하

플랫맨의 모습

나는 앞에 있어야 하니 서로 만나는 것은 불가능해요. 그러니 플랫랜드에서는 박수도 칠 수 없어요. 박수 대신 손을 흔들거나 심하면 손으로 배나 다리를 때려요.

우리는 걸을 때, 오른발과 왼발이 교대로 앞으로 갔다 뒤로 갔다 하지만 플랫맨은 그렇게 할 수 없어요. 플랫맨은 앞으로 갈 때, 왼발을 고정한 채 오른발을 먼저 앞쪽으로 옮기고 다음에 왼발을 앞으로 옮겨요. 우리가 보기에는 참 불편할 것 같은데 그 사람들은 전혀 불편하다고 생각하지 않아요.

그리고 신기한 것은 그뿐이 아니에요. 그들은 몸을 뒤집지도 못해요. 그도 그를 것이 몸을 뒤집으려면 몸을 일으켜야 하는데 높이 차원이 없으니 몸을 일으킬 수 없고 몸을 일으킬 수 없으니 몸을 뒤집을 수도 없어요, 더 큰 문제는, 플랫맨은 뒤를 돌아볼 수도 없어요. 생각해 보세요. 우리가 뒤를 돌아보는 것은 간단해요. 얼굴을 옆으로 돌리면 되잖아요. 바닥에 붙어 있는 플랫맨이 얼굴을 돌리려면 얼굴을 들어올려야 하는데 그러려면 얼굴이 바닥에서 떨어져

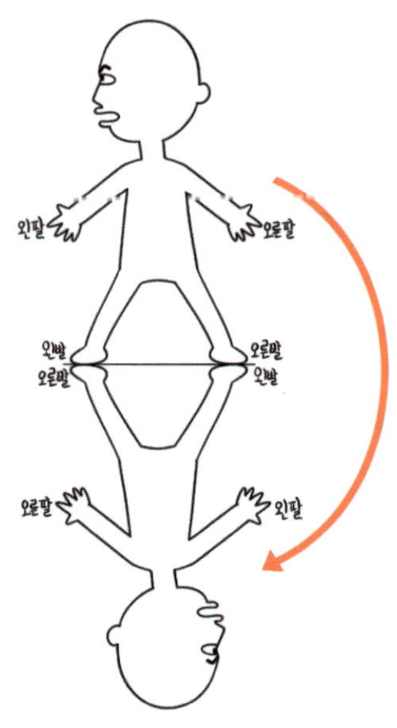

플랫맨의 방향 이동 방법

태양제국 가는 길에 상상력 좀 키웠습니다

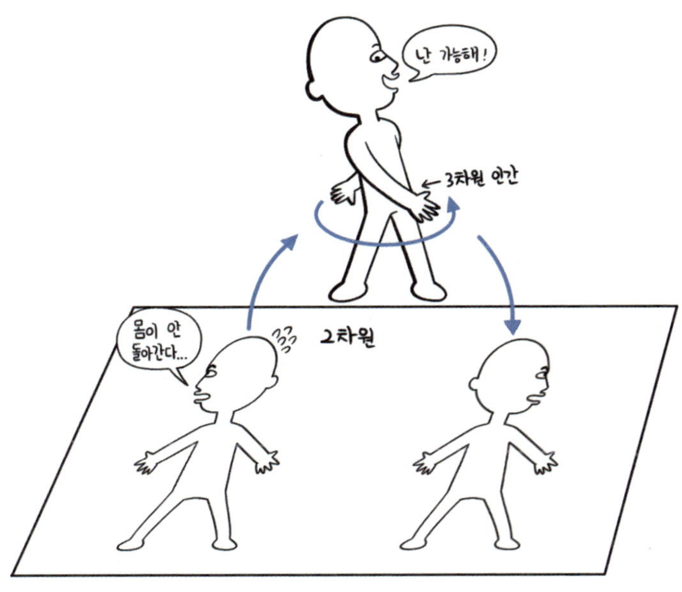

플랫맨 뒤집기

위로 올라와야 해요. 2차원 플랫랜드에서는 얼굴을 돌릴 수도 없지요. 그렇다면 플랫랜드에서 뒤에 있는 사람을 보려면 어떻게 해야 할까요? 방법이 없는 것은 아니에요. '플랫맨의 방향 이동 방법' 그림처럼 발을 중심으로 반 바퀴 돌아야 해요. 그렇게 되면 서로 반대 방향으로 서 있게 되겠지만 어쩔 수 없는 일이에요. 그러지 않고 멀리 돌아서 그 사람 뒤로 가면 그 사람의 뒷모습은 볼 수 있지만 얼굴을 볼 수는 없어요. 우리가 보기에는 너무 불편할 것 같은데 플랫랜드에서는 그것이 당연하다고 생각할 뿐만 아니라 불편하다고는 전혀 생각하지 않아요.

나는 이런 모습이 너무 안타까워서 플랫맨 한 명을 잡아서 들어 올렸어요. 플랫맨이 처음으로 3차원 세상에 나오는 순간이었어요. 그는 너무 신기해서 눈이 휘둥그레졌어요. 나는 이 플랫맨의 몸을 180° 뒤집어서 다시 플랫랜드에 내려놓았어요. 그랬더니 놀라운 일이 벌어졌어요. 앞과 뒤가 바뀌어 버리니 스스로도 너무 이상해서 제대로 걷지 못하는 게 아니겠어요? 내가 한 행동이 플랫맨을 아주 이상한 사람으로 만들어 버렸어요. 결국 나는 다시 그 플랫맨을 들어 원상태로 돌려 주었어요. 하마터면 정말 큰일 날 뻔했어요.

어때요? 3차원에서 보면 아무것도 아닌 일이 2차원에서 보면 도무지 이해할 수 없는 신기한 일이 된다는 걸 모두 알게 되셨나요? 차원이 달라진다는 것은 이처럼 놀라운 일이에요.

플랫랜드의 낮과 밤

여러분, 플랫랜드에도 낮과 밤이 있을까요? 직접 가서 보니 낮과 밤이 있었어요. 그런데 일출이나 일몰 장면이 참 신기했어요. 플랫랜드의 일출 장면을 시간 단위로 나누어서 보면 대략 '플랫랜드의 일출과 일몰' 그림과 같아요. 동쪽에서 밝은 점이 하나 나타는데, 그것이 태양이에요. 그리고 태양인 이 점이 점점 길어지다가 다 길어진 후에는 다시 짧아져요. 그러다가 다시 점이 되고, 그러고 나서는 완전히 사라져요. 플랫랜드의 태양은 선이었어요. 일출

   태양제국 가는 길에 상상력 좀 키웠습니다

은 이 선이 점점 길어지다가 짧아지는 현상이고요. 그런데 이상한 것은 태양이 사라졌는데도 어두워지지 않고 밝은 낮이었어요. 그러다가 서쪽 지평선에 아침에 본 그 밝은 점이 나타나더니 점점 길어졌다가 다시 짧아지는 거예요. 일출 모습과 똑같은데 이번에는 태양이 사라지자 어둠이 찾아왔어요. 이것이 해가 지는 일몰이에요. 여러분은 지금 이러한 일출과 일몰이 이해가 되나요?

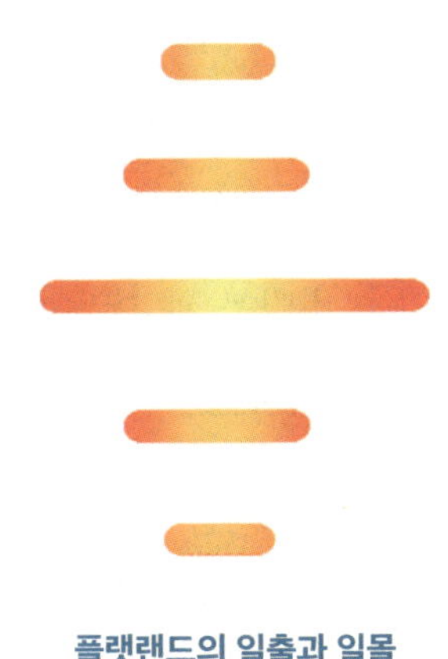

플랫랜드의 일출과 일몰

이 현상을 이해하기 위해서 그림으로 설명해 볼게요. 플랫랜드의 태양은 두 가지 방법으로 운동할 수 있어요.

한 가지 방법은 태양도 플랫랜드와 같은 평면에서 공전하는 것이에요. 이런 경우에는 태양이 공전을 하지만 2차원 평면에서의 공전이기 때문에 3차원의 세계처럼 태양이 뜨고 지는 일이 생기지는 않아요. 2차원의 태양은 언제나 지평선에 있어요. 이것을 태양이 뜨고 있는 장면으로 보아야 할까요? 지는 장면으로 보아야 할까요? 참 난감하네요. 이런 태양이 만드는 물체의 그림자는 어떨까요? 그림자의 길이가 무한대일까요? 그림자가 생긴다고 해야 할까요? 생기지 않는다고 해야 할까요? 언제나 지평선에 걸려 있는 태양, 해가 뜨는 일도 지는 일도 일어나지 않는 참 신기한 세상이에요.

이번에는 좀 다르게 생각해서 태양은 2차원이 아니라 3차원에 있고, 이 태양을 2차원 플랫랜드에서 본다고 생각해 볼게요. 태양이 플랫랜드의 평면에 수직으로 공전한다고 하면, 플랫랜드에서 이 태양을 바라볼 때 어떻게 보일까요? 당연히 태양도 둥근 것이 아니라 직선으로 보이겠지요? 그래요. 2차원 플랫랜드에서는 모든 것이 직선으로 보여요.

태양이 동쪽에서 솟아오르는 장면을 생각해 보세요. 플랫맨들에게는 지평선에 밝은 점이 나타나는 것으로 보입니다. 태양이 점점 솟아오르면서 이 점은 수평으로 점점 길어지는 것으로 보이겠지요. 그러다가 더 솟아오르면 그 길이가 짧아지고 마침내 다시 점이 되고, 완전히 솟아오르게 되면 태양은 사라집니다. 왜냐하면 태양이 2차원에서 완전히 벗어나 버렸기 때문이이에요. 비록 태양이 플랫랜드에서는 보이지 않지만, 높이가 있는 3차원에는 태양이 있는 거지요. 높이 차원이 없는 플랫랜드에 사는 플랫맨들은 공중에 떠 있는 태양을 절대로 볼 수 없어요. 그런데 태양이 플랫맨들의 시야에서만 사라진 것이지 없어진 것은 아니잖아요. 그러니 그들의 눈에 태양이 보이지 않아도 세상은 밝은 낮입니다. 사람들은 어리둥절하겠지요? 밝은 태양이 사라졌는데도 세상은 밤 아니라 낮이니 말이에요.

태양제국 가는 길에 상상력 좀 키웠습니다

일출이나 일몰이 끝나면 태양은 보이지 않는데, 일출 다음에는 밝은 낮이 되고, 일몰 다음에는 어두운 밤이 되는 거지요. 3차원에 사는 우리가 보면 당연하지만 2차원에 사는 플랫맨은 어떻게 생각할까요? 만약 차원이 무엇인지를 아는 현명한 2차원 플랫맨이 있다면,

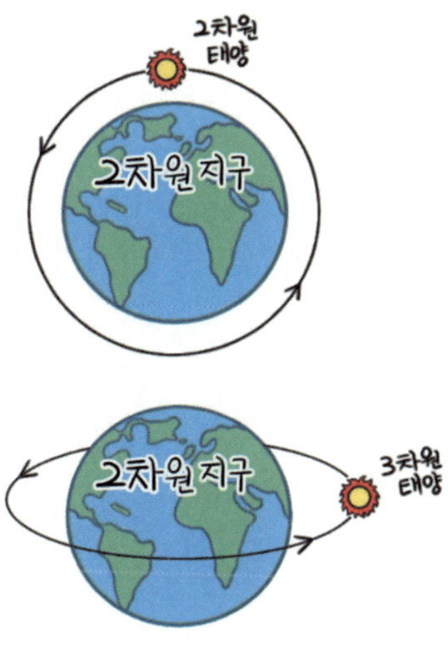

2차원 지구의 2차원 태양과 3차원 태양

'아, 우리는 2차원에 있지만 태양은 3차원에 있다'는 사실을 눈치챌지도 몰라요.

이제 2차원 세계가 좀 이해가 되었나요? 차원이 달라지면 세상이 완전히 달라져요. 2차원 플랫맨이 3차원 스페이스맨을 보면 신처럼 보일 거예요. 생각해 보세요. 감옥에 넣어 두어도 마음대로 나왔다 들어갔다 하질 않나, 앞에 있는 오른팔을 뒤로 보내질 않나, 절대로 풀 수 없는 매듭을 아무렇지도 않게 풀어 버리지 않나, 금방 여기 있었는데 사라졌다가 갑자기 다른 곳에 나타나질 않나, 신이 아니고서야 어떻게 이런 신출귀몰한 행동을 할 수 없다고 생각할 거예요. 참 신기하죠?

　이렇게 첫날 강연을 마쳤는데, 사람들은 아쉽다고 아우성이었어요. 플랫랜드 사람들에 대해서 더 자세히 알고 싶다는 것이었어요. 그래서 오늘은 시간도 많이 지났으니 다음 강연 일자를 잡아서 다시 이야기하겠다고 약속하고 강연을 마무리했어요.

태양제국 가는 길에 상상력 좀 키웠습니다

선으로 만들어요~♪
선만 있으면 돼요~♬

굵은 선, 가는 선, 곧은 선, 굽은 선

신기한 2차원 세계
웃기는 플랫랜드!

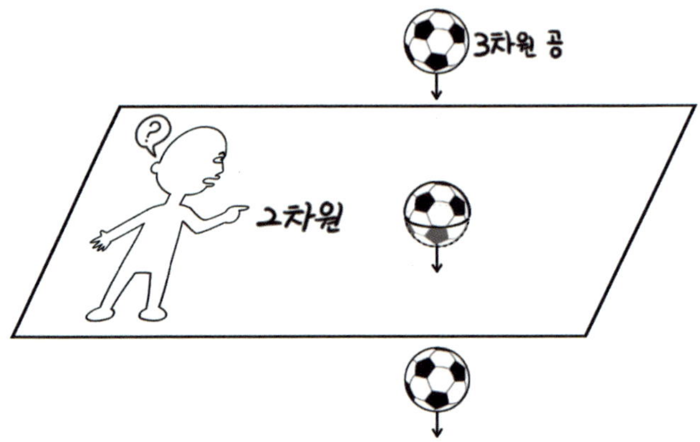

2차원을 지나가는 3차원 공

3차원에 있던 공이 우연히 2차원을 지나간다고 생각해 보세요. 플랫맨에게 공은 어떻게 보일까요?

💡 생각해 보기

1. 공이 2차원 평면에 닿지 않았을 때, 플랫맨이 이 공을 볼 수 있을까요?

2. 공이 2차원 평면에 살짝 닿으면 어떻게 보일까요?

3. 공이 2차원 평면을 반쯤 지나가고 있으면 어떻게 보일까요?

태양제국 가는 길에 상상력 좀 키웠습니다

4. 공이 2차원을 완전히 지나가 버리면 공이 보일까요?

5. 이번에는 공이 아니라 우리 같은 3차원 인간이 2차원 평면을
지나간다면 어떻게 보일까요?

2차원 사랑법

아무리 좋아도
안을 수는 없어요

그냥 보기만 하세요

안아 주지 않아도 알아요
당신의 사랑을

눈빛만으로도 알아요
당신의 마음을

그래도,
뽀뽀는 해도 돼요

헷! 둘!
헷! 둘!
???
뭐라고?
너는 왜 창자를
다 내놓고 다녀?
옆에서 보면
다 보여
옆이 뭔데?
옆?
옆는건가?
옆이 옆이지
뭐야?
암 말도
없고!
...
정상이
아닌 거 같네.
직선!
나는 네가
직선으로 보여!
꿀꺽

4

플랫랜드의 플랫맨

첫 강연이 있고 일주일 후에 2차 강연을 하게 되었어요. 역시 관중의 열기는 대단했고, 내 입에서 무슨 얘기가 나오나 모두 숨죽이며 듣고 있었어요. 나는 약속한 대로 다음과 같이 플랫랜드의 플랫맨에 대해서 이야기를 시작했어요.

플랫맨의 신체

오늘은 플랫랜드에 사는 플랫맨들의 신체적 구조에 관해서 이야기해 볼까요? 저번 강연에서 2차원 플랫랜드에 사는 인간은 그림자처럼 두께가 없이 납작하다고 말씀드렸죠? 그렇다면 플랫맨들

    태양제국 가는 길에 상상력 좀 키웠습니다

의 신체적 구조는 어떠할까
요? 2차원 플랫랜드에 사는
플랫맨의 신체 구조는 다음
그림과 같아요. 플랫맨들은
그림자처럼 두께가 없이 납
작해요. 그래도 눈, 코, 귀,
입은 있어요. 그리고 장기도
있어요.

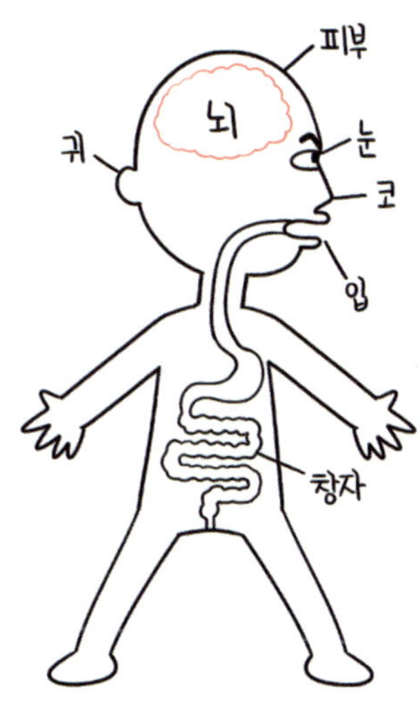

플랫맨의 신체 구조

　그런데 이 그림을 볼 때 알아야 할 게 있어요. 이 그림은 3차원 스페이스랜드에 사는 스페이스맨인 우리가 플랫맨을 옆에서 보는 모습이에요. 2차원에는 위아래가 없어서 플랫맨은 자신들을 이렇게 바라볼 수가 없어요. 그러니 이 그림에서 보이는 창자나 뇌는 그들이 볼 수 있는 것은 아니에요.

　생각해 보세요. 플랫맨은 두께가 없어요. 이 플랫맨의 피부는 무엇일까요? 플랫맨을 그린 테두리 선이 바로 피부입니다. 그러면 창자의 옆이 열려 있지 않나요? 맞아요. 하지만 그 열린 부분은 3차원에 사는 우리가 보는 것이지 2차원에서는 '없는' 면이에요. 또 한 번 생각해 보세요. 납작한 2차원 플랫맨이 서로 마주 보고 있으면 그들은 서로의 눈, 코, 입은 보이지만 창자는 절대로 볼 수 없어요. 테두리 선으로 이루어진 피부가 창자를 감추고 있기 때문이지요. 그들은 몸을 틀어서 옆을 볼 수도 없어요. 몸을 틀려면 옆으로 일어나야 하는데 플랫랜드에서 옆은 없지요. 3차원 스페이스맨인 우리가 보기에는 플랫맨의 창자가 있는 곳은 몸'속'에 있는 것이 아니라 옆이 훤히 열려 있어요. 하지만 플랫맨에게 창자는 완전히 몸'속'에 있어요. 우리가 보는 '바깥'은 플랫랜드에서는 없어요

한번 생각해 볼까요? 만약 우리 몸속에 종양이 생겨서 수술을 한다고 생각해 볼게요. 우리는 종양이 있는 부위와 가까운 몸의 옆을 통해서 수술할 수 있지만, 2차원에서는 옆이 없기에 테두리 선인 그들의 피부를 통해서 속으로 들어갈 수밖에 없어요. 3차원에서 보면 아주 가까운 곳도 2차원에서는 몸속 깊숙히 있어요. 만약 3차원 스페이스맨이 2차원 플랫랜드에 간다면 수술하지 않고도 몸의 내부를 볼 수도 있고, 피부를 뚫지 않고도 종양을 잘라 낼 수도 있어요. 2차원 인간에게 3차원 인간은 불가능한 것을 마음대로 하는 존재인 거예요. 생각해 보세요. 어떤 사람이 수술하지 않고도 우리 몸속을 훤히 들여다본다면 그 사람을 신으로 생각하거나 마치 신의 계시를 받은 특별한 사람으로 보지 않을까요?

우리 사회에서도 가끔 자기가 그런 초능력이 있다고 주장하는 사람들이 있지만 그런 사람은 100% 사기꾼입니다. 절대로 속지 마세요.

2차원 플랫랜드에서 사람들은 서로를 어떤 형태로 본다고 했죠? 앞에서 설명했듯이 모두 선으로 보일 겁니다. 다만 눈, 코, 귀, 입

 태양제국 가는 길에 상상력 좀 키웠습니다

등의 모양은 명암의 차이나 색깔의 차이로 다르게 볼 것입니다. 이 것으로 사람을 구별할 수도 있을 거예요. 물론 잘생겼는지 못생겼 는지도 알아볼 수 있을 것이고, 키가 큰지 작은지도 알 수 있겠지 요. 그래서 좋아하는 사람과 싫어하는 사람도 생길 것이고요. 그렇 지만 우리처럼 뚱뚱하거나 홀쭉하거나 하는 구별은 없어요.

그런데 여기서 한 가지 궁금한 게 생기지 않나요? 과연 플랫맨 에게도 항문이 있을까요? 우리 3차원 스페이스맨의 창자는 고무관 처럼 둥근 관으로 되어 있어요. 그리고 몸이 창자를 감싸고 있지요. 그런데 2차원 플랫맨의 창자는 우리처럼 관이 아니고 평면 홈일 뿐이에요. 그러니 몸이 창자를 완전히 둘러쌀 수가 없어요. '플랫맨 의 장기 구조'에서 보는 것처럼 창자를 중심으로 사람 몸의 오른쪽 과 왼쪽이 완전히 분리되어 있어요. 이렇게 되면 이 사 람의 몸은 하나인가요? 둘 인가요? 한 사람이지만 두 몸이 완전히 분리되어 있으 니 한 몸으로 붙어 있을 수 있을까요?

어떻게 이 두 몸을 묶어 놓을 수 있을까요? 3차원이

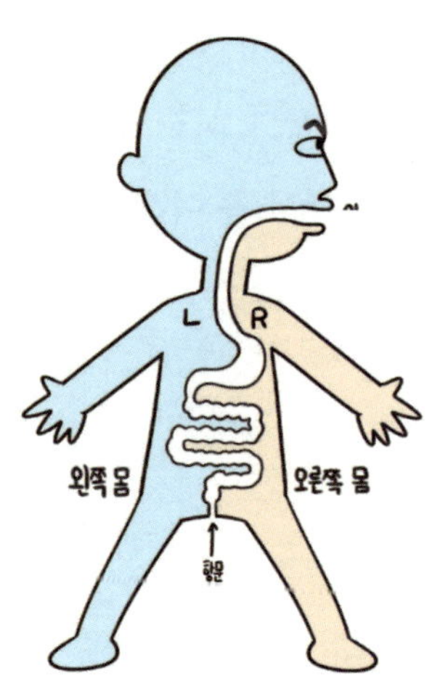

플랫맨의 장기 구조

라면 간단한 일이지만 2차원에서는 거의 불가능한 일이에요. 만약 창자의 오른쪽과 왼쪽을 선으로 연결하면 창자가 완전히 막혀 버려요. 그러면 음식이 창자를 빠져나갈 수도 없잖아요. 신비로운 플랫맨이죠? 아마도 플랫맨의 창자는 입에서 시작해서 몸의 어느 부분에서 끝나고, 다른 새로운 창자가 항문으로 연결되어 있을지도 몰라요.

그렇다면 과연 플랫맨들은 사랑을 할 수 있을까요? 네, 2차원 플랫랜드에서도 플랫맨들은 사랑을 해요. 그런데 사랑하는 두 사람이 서로를 끌어안지는 못해요. 끌어안는 행위는 먼저 양팔을 벌리고 상대방의 몸을 감싸야 해요. 그렇게 하기 위해서는 먼저 손이 상대방의 옆을 지나서 뒤로 가야 해요. 2차원에서는 옆이 없으니 플랫맨들은 서로를 끌어안을 수가 없어요. 그래도 입맞춤은 할 수 있겠네요. 2차원 플랫랜드에 사는 플랫맨의 사랑법은 우리 3차원 스페이스랜드에 사는 우리의 사랑법과는 아주 달라요. 어때요? 플랫맨에 대해서 좀 이해가 되었나요?

사랑하는 애인도
사랑하는 아들도
안아 볼 수 없다!

플랫랜드의 사랑법
궁금하지 않나요?

오, 하이퍼맨

너는 도대체 누구인가?

여기에 있으면서도 저기에 있고
없다가도 있고 있다가도 없는

너는 도대체
사람인가 신인가

너의 말은 다른 공간의 메아리
그것을 어찌 나더러 해독하라 하는가

너는 왜 나의 속을 들여다보며
알 수 없는 야릇한 미소를 짓는가

안타까움인가
비웃음인가
즐거움인가

내가 보지 못하는 것을 보고
가지 못하는 곳을 가는
네가 가진 무한한 자유에

나의 질투조차
길을 잃고 헤맨다

음~
4차원이라

뻥!
으악! 벽이
사라졌다 생겼어!
뭐야 어디가
위고 어디가
아래야?
펑

환영 스페이스맨!
여기서는 공간이
시간처럼 시간이
공간처럼 흘러
뭐라고?

내가 너를
하이퍼맨으로
만들어 줄게
틱!
착!
턱!
삑!
악! 그만둬!
나 돌아갈래!
착!
삑!

5

하이퍼랜드에서 한 달 살이

플랫랜드 '한 달 살이'를 마치고 돌아온 지도 여러 날이 지났어요. 여기저기 강연에 불려 다니느라 정신없이 보내고 있는 어느 날이었어요. 그 여행사에서 다시 광고가 떴지 뭐예요. 이번에는 '하이퍼랜드에서 한 달 살이' 광고였어요. 플랫랜드의 경험이 너무 즐거웠던 나는 이번에도 용감하게 여행사를 찾아갔어요. 역시 이번에도 신청자는 나 혼자였고, 담당자는 또 여러 번 정말 가겠느냐고 물었어요. 나는 이번에도 가겠다고 대답했어요. 그러자 담당자는 이번에도 이상한 알약을 주더군요. 역시 이번에도 먹자마자 정신이 몽롱해지더니 얼마 지나 깨어 보니 꿈인지 생시인지 알 수 없는 이상한 세계가 내 눈앞에 펼쳐져 있었어요.

저 멀리서 이상한 물체가 내게 다가왔어요. 알 수 없는 물체들이 붙었다 떨어졌다, 생겼다 없어졌다 하면서 나에게 다가왔어요. 나는 그것이 무엇인지 몰라 어리둥절해 있는데 그 물체가 말을 하지 뭐예요. 나를 보고 "안녕, 스페이스맨" 하지 않겠어요? 나도 얼떨결에 인사를 하기는 했지만 내게 말한 것이 사람인지 아닌지, 한 사람인지 여러 사람인지도 알 수 없고, 여기 손 같은 것이 나타나는가 하면 저기에 발 같은 것이 나타났다 사라지는 등 도무지 뭐가 뭔지 알 수 없었어요. 그런데 그 목소리와 한참을 이야기하다 보니 그 여러 개의 물체가 사실은 한 사람의 몸이라는 것을 알 수 있었어요. 그는 나를 보더니, 킬킬 웃으며 내 창자가 훤히 보인다고 하더군요. 아니 뱃속에 있는 창자가 보인다고? 그게 말이 돼요?

그런데 갑자기 내가 플랫랜드에 갔던 생각이 불현듯 떠올랐어요. 플랫랜드에서 나는 그들의 창자를 훤히 볼 수 있었거든요. 하지만 그들은 창자가 자기 뱃속에 있어서 절대 보지 못하던 사실 말이에요. 이곳이 바로 4차원 하이퍼랜드였고, 내가 본 이상한 물체는 하이퍼랜드에 사는 하이퍼맨이었어요.

4차원 하이퍼랜드에 온 나는 내가 가진 차원에 관한 지식으로 하이퍼랜드에서 보이는 현상을 이해하고자 노력했어요. 그럼에도 덮이 차원이 하나 더 있는 하이퍼랜드를 이해하는 것은 너무 어려웠어요. 2차원의 플랫맨들이 높이 차원을 이해하지 못하는 것을 보고 한심하다고 생각했었는데, 한심한 것이 아니라 당연히 이해할

수 없다는 것을 깨달았어요. 내가 덮이 차원을 이해하지 못하는 것
도 마찬가지니까 말이에요.

그날 저녁 나는 하이퍼맨의 파티에 초청받았는데 너무 힘들었어
요. 파티장까지 가는 것도 문제였지만, 파티장의 구조가 도무지 이
해되지 않았어요. 내 눈에는 분명 벽으로 막혀 있는데 하이퍼맨들
은 벽이 없는 것처럼 다니지 않겠어요. 그들은 내가 보지 못하는
덮이 차원으로 나 있는 문을 통해서 아무렇지도 않게 다니는 거였
어요. 그뿐만 아니라 한 사람의 육체가 스페이스 공간에만 있는 것
이 아니라 하이퍼 공간에도 있기 때문에 한 육체가 여러 개로 나뉘
어 있는 것처럼 보이기도 하고 떨어져 있던 육체가 합쳐지는 것처
럼 보이기도 하는 거예요. 그래서 사람들과 대화하거나 악수를 할
때 지금 내가 누구와 대화하고 누구와 악수하는지 도무지 헷갈려
서 죽을 지경이었어요.

신기한 것은 그뿐이 아니에요. 집의 구조도 참 특이했어요. 우리
가 생각하기에 방은 바닥과 천정이 있고 사면이 벽으로 되어 있잖
아요? 그래서 방과 같은 공간을 육면체라고 하잖아요? 그런데 하
이퍼랜드의 방은 벽이 24개나 되었어요. 그리고 그 24개의 면이 모
두 서로 직각으로 만나고 있었어요. 3차원 스페이스랜드에서는 도
무지 있을 수 없는 일이지요. 우리는 천장이 하나뿐이지만, 그곳에
서는 천장이 몇 개인지도 알 수 없었어요. 방과 방 사이를 연결하
는 문도 너무 복잡해서 정신을 차릴 수도 없었어요. 그들은 내 속

　　　　　　　　　태양제국 가는 길에 상상력 좀 키웠습니다

을 훤히 들여다 볼 수 있었을 뿐만 아니라 수술도 하지 않고 제 장기를 꺼낼 수도 있었어요. 사실, 나는 당시 담석증을 앓고 있었어요. 담낭 속에 돌이 들어 있었다는 말이에요. 병원에서 수술 날짜를 잡아 놓고 있었는데, 마침 하이퍼랜드에서 한 달 살이 광고를 보고 여기 오는 바람에 수술도 못 하고 있었던 참이었어요. 그런데 하이퍼맨들이 수술도 하지 않고 담낭 속 돌을 그냥 끄집어내 주었지 뭐예요. 너무 놀랍고 고마웠어요. 수술비도 내지 않고 나는 횡재였어요.

이렇게 한 달간을 하이퍼랜드에서 꿈 같은 시간을 보냈을까, 어느 날 갑자기 깊은 잠에 들었어요. 잠에서 깨어 보니 스페이스랜드였어요. 한 달 동안 보냈던 시간이 정말 하이퍼랜드를 경험한 것인지, 꿈을 꾸었던 건지는 알 수 없었지만 분명히 하이퍼랜드를 생생하게 경험한 것은 틀림없어요.

나는 이 꿈과 같은 경험을 사람들에게 알리고 싶어서, 지난번 플랫랜드에서 돌아와서 했던 것처럼 강연회를 개최했어요. 이번에도 사람들이 많이 왔어요. 그런데 처음에는 사람들이 신기해하며 내 말을 듣는 것 같더니 시간이 지나면서 강연장이 술렁이기 시작했어요. 사람들이 내 이야기를 도무지 믿지 못할 뿐만 아니라 허무맹랑한 말을 꾸미고 있다고 생각하는 것 같았어요. 강연장 여기저기서 불만이 터져 나오고 "집어치워!", "사기꾼이다!"라는 고함이 들리기도 했어요. 강연이 끝나지도 않았는데 청중들 대부분이 나가 버렸고, 강연은 완전히 실패로 돌아갔어요.

너무 속상했던 나는 가만히 앉아 생각해 보았어요. 지난번 플랫랜드에 갔던 경험을 발표할 때는 그렇게 신기해하면서 박수까지 치더니, 하이퍼랜드에 갔다 온 경험담에 대해서는 왜 이렇게 달랐을까요? 아마도 인간보다 더 차원이 높은 뛰어난 존재가 있다는 것을 받아들이기 어려웠기 때문은 아닐까요? 그리고 플랫랜드에 관한 이야기는 스페이스랜드에 사는 우리가 이해하기 쉽지만, 우리보다 한 차원이 더 있는 하이퍼랜드를 스페이스맨들이 이해하기는 어렵기 때문이기도 했던 것 같아요.

조금 더 생각해 보니, 너무 성급하게 직접적으로 하이퍼랜드를 이해시키려고 했던 것이 아닌가 하는 생각도 들었어요. 사실, 플랫랜드와 스페이스랜드 사이의 관계나, 스페이스랜드와 하이퍼랜드의 사이의 관계가 마찬가지거든요. 강연을 다시 한다면, 우리가 왜 하이퍼랜드를 이해하기 어려운지 설명하기 전에 플랫맨이 왜 스페이스랜드를 이해하기 어려운지를 먼저 설명할 생각이에요. 그렇게 하면 지금보다는 좀 더 이해가 쉽지 않았을까 하는 후회가 되었습니다. 지금 돌이켜 생각해 보면 그 화가 난 청중들에게 미안한 생각도 들어요.

그러면 이제부터 내가 경험한 하이퍼랜드에 대해서 좀 쉽게 이야기를 해 보겠어요. 4차원 하이퍼랜드는 가로, 세로, 높이와 더불어 '덮이'가 있는 세상이라고 했지요? 덮이가 무엇인가요? 가로에도 수직, 세로에도 수직, 높이에도 수직인 축이에요. 우리가 사는 3차원 공간에서는 그런 축을 절대로 찾을 수 없어요. 그리고 3차원에 살고 있는 사람은 덮이 축을 볼 수도, 인식할 수도, 만들 수도 없어요. 하지만 4차원 하이퍼랜드에서는 삼척동자도 볼 수 있고, 만질 수 있고, 만들 수도 있어요. 가로와 세로만 있는 2차원 플랫랜드에서 3차원에 있는 높이 축을 볼 수도 만질 수도 만들 수도 없었던 것과 마찬가지예요. 그러면 덮이 축이 있는 4차원 하이퍼랜드는 어떤 곳일까요?

2차원 플랫랜드에 있는 방은 선으로 이루어진 벽이 있어요. 선 4개로 완전히 밀폐된 사각형 방을 만들 수 있어요. 하지만 3차원에서 보면 그 방은 높이가 없는, 위가 뻥 뚫려 있는 방이에요. 하지만 플랫랜드에서는 '위'를 볼 수도 만질 수도 없으니 위가 있다는 것을 알 방법이 없어요. 이와 같이 하이퍼랜드 사람이 가로, 세로, 높이로 이루어진 우리의 방을 볼 때도 똑같은 거예요. 우리는 네 개의 벽과 바닥과 천장으로 완전히 밀폐된 방을 만들었다고 생각하지만, 하이퍼맨이 보면 덮이 방향으로 뻥 뚫려 있는 거예요. 이해가 되었나요?

스페이스맨이 플랫랜드에 사는 플랫맨을 보면 창자가 훤히 들여다보인다고 했지요? 플랫맨은 창자를 가로와 세로로 완전히 감쌌다고 생각하지만, 스페이스맨에게는 높이 방향이 뻥 뚫려 있기 때문이에요. 마찬가지로 우리는 창자를 가로, 세로, 높이로 완전히 감싸 두었다고 생각하지만 하이퍼맨이 볼 땐 덮이 방향이 뻥 뚫려 있는 거예요. 그러니 그들은 우리의 창자를 훤히 들여다 볼 수도 있고, 수술을 하지 않고도 우리의 창자를 꺼낼 수도 있지 않겠어요? 지금 우리 세계의 감옥도 하이퍼맨에게는 감옥이 아니에요. 그들은 벽이나 천장을 뚫지 않고도 덮이 방향으로 얼마든지 들어가고 나올 수 있어요.

우리가 하이퍼랜드의 하이퍼맨을 마주한다면 4차원으로 된 그들의 신체를 제대로 볼 수 없을 거예요. 만약 하이퍼맨의 한 팔이 덮이 차원으로 나가 있다면 그 팔을 볼 수도 없어요. 그러다가 하이퍼맨이 팔을 3차원 공간으로 움직여 오면 없던 팔이 어디선가 갑자기 나타나는 것으로 보일 거예요. 하이퍼맨이 여러 개로 보이다가, 합쳐 보이다가, 사라졌다가, 나타났다가 하는 현상도 알고 보면 간단하게 이해할 수 있어요.

이렇게 생각해 봐요. 우리 몸이 플랫랜드를 천천히 통과한다고 생각해 보세요. 플랫맨들이 나를 보면 어떻게 보일까요? 먼저 발이 플랫랜드에 닿겠지요. 그러면 플랫맨 세상에는 갑자기 둥글고 길죽한 모양이 나타나요. 그러다가 두 다리의 중간 정도가 플랫랜드를 통과하게 되면 플랫랜드에는 동그라미 두 개가 생겨요. 이 동그라미는 커졌다 작아졌다 하다가 마침내 몸을 통과하며 큰 동그라

   태양제국 가는 길에 상상력 좀 키웠습니다

미 하나로 합쳐지겠죠? 여기까지 이해가 되었나요?

상상해 보세요. 다리 부분이 다 통과하고 배가 통과하게 되면 모양은 매우 복잡하게 될 거에요. 뱃속에는 창자도 있고, 위도 있고, 심장도 있고, 온갖 장기가 있으니 이 장기들의 단면이 어지럽게 나타났다 사라지곤 하지 않겠어요? 큰 원 안에 수없이 많은 작은 이상한 원들이 생기고 변하고 이합집산하는 모습이 보일 거예요. 그리고 목이 통과할 때면 원이 가늘어졌다가 머리가 통과할 때면 다시 커지고 머릿속의 온갖 뇌세포가 수없이 많은 동그라미들로 나타났다가 사라지고 하겠지요. 이 설명 또한 스페이스맨의 시각이에요. 플랫맨에게는 동그라미가 아니라 직선만 보일 겁니다. 여러 개의 직선이 짧아졌다, 길어졌다, 생겼다, 없어졌다 하는 것으로 보이겠지요.

이것을 보고 플랫맨들이 '아, 스페이스맨 한 사람이 지나가는구나!' 하고 이해할 수 있을까요? 아마도 거의 불가능할 겁니다. 내가 하이퍼랜드에서 나에게 접근하는 하이퍼맨을 한 사람으로 알아보지 못했듯이 말이에요. 하지만 플랫랜드의 과학자가 이 현상을 꼼꼼히 검토하고 연구한다면 한 사람이 지나갔다는 사실을 추리하거나 계산할 수는 있을 겁니다. 마찬가지로 우리도 하이퍼랜드에서 일어나는 현상을 보거나 이해하기는 어렵지만 어떤 현상이 일어날 것인지 상상할 수는 있고, 수학을 사용하면 계산할 수도 있어요.

자 이제 차원 설명을 마무리하기 전에 한 가지 생각해 볼 것이 있어요. 우리가 사는 세상은 분명히 3차원이지요. 그런데 정말 3차원일까요? 혹시 우리가 모르는 차원이 어디에 숨어 있는 것은 아닐까요? 이것은 과학자들에게 매우 흥미롭고 심각한 질문이기도 해요. 우리의 감각기관이 완전한 것은 아니잖아요. 그렇다면 우리가 세상을 제대로 보고 있는지도 의문이에요.

우리는 아직 이 대자연을 다 이해하지 못해요. 원자나 소립자 같은 미시세계도 아직 모르는 것이 너무 많아요. 저 광활한 우주에 대해서도 모르는 것이 너무 많아요. 지금의 과학 이론으로 설명하지 못하는 현상도 아주 많아요. 왜 그럴까요? 바로 과학 이론이 완전하지 못하기 때문이에요.

그렇다면 왜 완전한 이론을 만들지 못할까요? 정말 어려운 질문이죠? 이에 대해서는 우리가 살고 있는 이 우주가 3차원이 아니라 다른 차원의 우주이기 때문은 아닐지 상상해 볼 수도 있어요. 무슨 소리냐고요? 물리학자들은 이 문제를 정말 진지하게 고민하고 있어요. 그래서 더 높은 차원의 공간에 관한 과학 이론을 만들고자 노력하고 있어요. 어떤 이론은 이 우주가 10차원의 공간이라고 주장하는 이론도 있어요.

왜냐고요? 자 함께 생각해 볼게요. 2차원 플랫랜드에서는 3차원 스페이스랜드에서 일어나는 현상을 설명하는 이론을 만들기 어려울 거예요. 예를 들어, 내가 플랫랜드에서 감옥에 있는 사람을 들어

   태양제국 가는 길에 상상력 좀 키웠습니다

서 감옥 밖으로 내놓았다가 다시 안으로 옮겨 놓았다고 했지요? 그 현상은 우리 스페이스맨에게는 너무 당연한 현상이지만 플랫맨이 보면 사방이 막혀 있는 공간(감옥)에 있는 사람이 갑자기 사라졌다가 갑자기 나타난 거잖아요? 감각할 수 없는 것을 이해하기란 어쩌면 거의 불가능할지도 몰라요. 하지만 차원을 바꾸어 놓고 보면 이론이 간단해지잖아요?

만약 플랫랜드에 대단한 과학자가 있다면 이 신기한 현상을 설명하기 위해서 3차원 공간을 도입할 수 있지 않겠어요. 그렇게 3차원 공간을 도입한다면 물체가 있다가 사라지고 없다가 나타나는 현상이 너무 쉽게 설명이 되지 않나요?

마찬가지로 이해되지 않는 소립자 세계나 광활한 우주를 설명하기 위해서 3차원이 아닌 더 높은 차원의 이론을 찾는다면 쉽게 설명될 수도 있지 않을까 하는 생각이에요. 실제로 과학자들은 이런 고민을 많이 하고 이론도 만들고 있어요. 아직까지는 소립자 세계에서 일어나는 현상을 완전하게 설명하는 물리학 이론이 없어요. 과학자들은 이 문제를 해결하기 위해서 더 높은 차원의 이론을

끈 이론

끈 이론은 기본 입자가 원자나 전자보다 더 작은 끈처럼 생겼다고 하는 주장이다.

끈이 어떻게 진동하느냐에 따라서 양성자도 되고, 중성자도 되고, 전자도 되고, 심지어는 빛인 광자도 된다는 이론이다.

이 이론에 의하면 이 우주는 10차원으로 되어 있다고 한다. 그런데 이 이론은 매우 매력적이기는 하지만 옳은지 옳지 않은지는 아직 실험을 통해서 밝혀지지 않았다. 언젠가는 밝혀질 날이 올지도 모른다.

찾고 있어요. 그중의 하나가 바로 끈 이론이에요. 끈 이론은 모든 입자는 선의 진동이라는 주장이에요. 선이 더 높은 차원에서 진동하고 있다는 이론이에요. 그 높은 차원에서 진동하는 모습을 3차원에서 보기 때문에 너무 이상하게 보인다는 거지요. 아직은 이 주장이 확실하지는 않지만 언젠가 이 우주를 지금보다 더 잘 이해할 수 있는 날이 올 거예요.

차원을 넘어선다는 것, 그것은 정말 차원이 다른 이야기가 되는 거지요.

태양제국 가는 길에 상상력 좀 키웠습니다

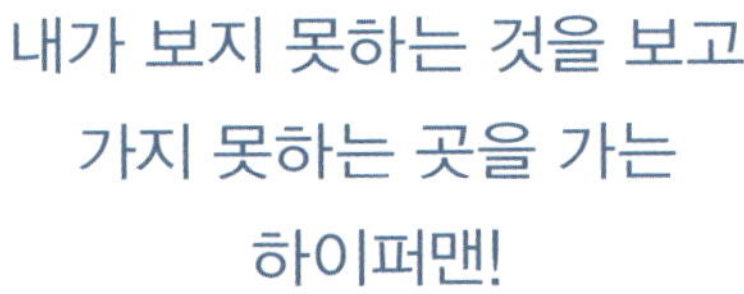

내가 보지 못하는 것을 보고
가지 못하는 곳을 가는
하이퍼맨!

도대체 넌 누구냐?
사람이냐, 신이냐?

어서 너의 정체를 밝혀라!

휘어진다는 것

살다 보면
휘어질 때가 있지요
휘어지고 싶을 때가 있지요
휘어지지 않고는 견딜 수가 없을 때도 있지요

휘어지다 보면
먼 곳도 가까워지고
헤어졌던 사람도 만나게 되고

과거로도 가고
미래로도 가고

그러다가 어쩌면
다른 우주에 있는
또 다른 나를 만나기도 하고

안녕~
반가워~

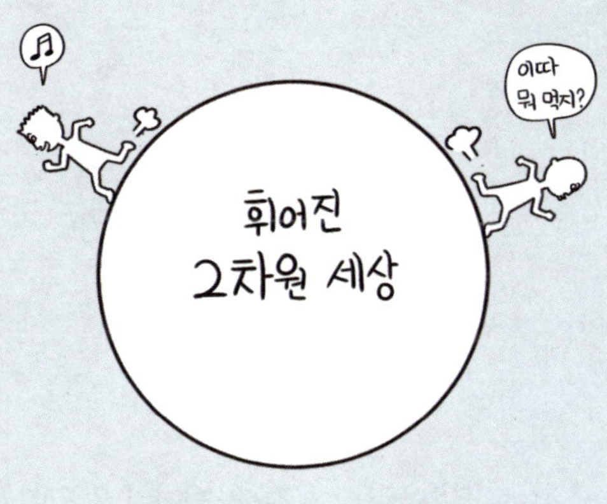
♬
이따
뭐 먹지?
휘어진
2차원 세상

어?
어?

우리 아까
만나지 않았나?
본 거 같기도
하고...

6

휘어진 공간

지금까지 우리는 공간에는 여러 차원이 있다는 것을 알았어요. 그런데 같은 차원이라고 해서 모든 공간이 다 같은 모습일까요? 2차원 플랫랜드를 생각해 볼까요? 플랫랜드는 평면이었어요. 그런데 이 평면이 휘어질 수는 없을까요? 직선이 곡선이 되는 것처럼 말이에요. 당연히 그럴 수 있어요.

지구 표면을 보세요. 지구 표면에 붙어 사는 작은 벌레는 지구 표면이 평평하다고 생각하겠지요. 하지만 지구의 넓은 곳을 두루 다녀보면 지구 표면이 둥글다는 것을 알게 돼요. 사람들도 옛날에는 지구 표면이 평평하다고 생각했어요. 하지만 비행기로 여행을 하는 지금 시대에 지구가 평평하다고 생각하는 사람은 없을 거예

태양제국 가는 길에 상상력 좀 키웠습니다

요. 평면이나 곡면이나 면은 모두 2차원이죠? 하지만 같은 2차원이어도 평면과 곡면은 아주 달라요. 평면은 가면 갈수록 출발점에서 멀어지지만, 지구와 같은 곡면에서는 멀어지다가 다시 제자리로 돌아와요. 이처럼 휘어진다는 것은 평평한 공간과는 그 특성이 완전히 달라지는 거예요.

플랫맨이 지구에 왔다고 생각해 볼게요. 그는 지구의 표면에 산도 없고, 강도 없고, 그냥 매끄러운 표면이라고 생각해 봐요. 그들이 지구 표면이 휘었다는 것을 어떻게 알 수 있겠어요. 정말 어려울 거예요. 마치 우리의 먼 조상들이 지구가 평평하다고 생각했던 것처럼 평평하다고 생각하겠지요.

우리가 지구 표면이 둥글다는 것을 알 수 있는 것은 표면에서 벗어나 위에서 내려다볼 수 있기 때문이에요. 다시 말하면 2차원에는 없는 3차원 높이 차원에서 보아야 면이 휘어져 있는지

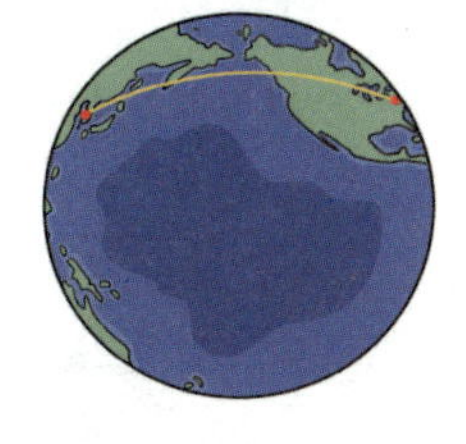

지구 표면에서 두 지점, 예컨대 서울에서 뉴욕까지 비행기로 간다고 하자. 가장 짧은 경로는 대원(지구의 중심을 중심으로 그린 원)이다. 이 대원은 직선일까?

3차원 공간에서 보면 이 비행기의 경로는 분명히 곡선이다. 하지만 2차원 공간에서 본다면 어떨까? 2차원 인간은 이것이 휘어져 있는지 알 수 없다. 그들은 이것을 '직선'으로 볼 것이다.

직선의 정의로부터 생각해 보자. '두 점 사이를 잇는 가상 짧은 경로'가 '직선'이다 비행기의 경로는 분명 두 지점 사이를 잇는 가장 짧은 길이다. 따라서 직선의 정의에 따라 비행기의 경로는 직선인 것이다.

평평한지 알 수 있어요. 2차원을 눈으로 보려면 3차원에서 보아야 해요. 그런데 3차원에 갈 수도, 높이 차원이 있다는 것도 알지 못하는 플랫맨이 자기들이 사는 땅이 휘어져 있는지 평평한지 볼 수 있을까요? 그건 불가능해요. 하지만 눈으로 보는 것 말고, 플랫랜드가 휘어 있는지 평평한지 아는 방법이 전혀 없을까요? 아니요. 당연히 알아낼 수 있어요.

가장 간단한 방법은 직접 지구를 한 바퀴 돌아보는 겁니다. 그러면 출발했던 곳으로 다시 돌아오겠지요. 그래서 그들은 '아, 지구가 둥글구나!'하고 알아차릴 것입니다. 눈으로 둥근 모습을 볼 수는 없지만, 논리적으로 둥글다고 판단하게 되는 거지요. 하지만 지구를 한 바퀴 돌아보는 것은 시간이 너무 많이 걸리거나 거의 불가능할 수도 있어요.

그렇다면 다른 방법으로 알아볼 수는 없을까요? 방법이 있어요. 여러분은 삼각형의 세 각의 합이 180도라는 것은 알고 있지요? 삼각형이 어떤 모양이더라도 세 각의 합은 언제나 180도예요. 그런데 이것은 삼각형이 평면에 있을 때만 그래요. 구의 표면에 삼각형을 그려 보세요. 두 변이 만나는 각이 어떤가요? 보통의 삼각형에서 두 변이 만드는 각보다 크다는 것을 알 수 있을 거예요. 그러니 당연히 세 각의 합도 180도보다 크겠지요.

그런데 그려진 삼각형이 좀 이상하지 않나요. 삼각형의 변은 직선이어야 하는데 곡면에 그린 삼각형의 변은 곡선이지요. 이것은 2

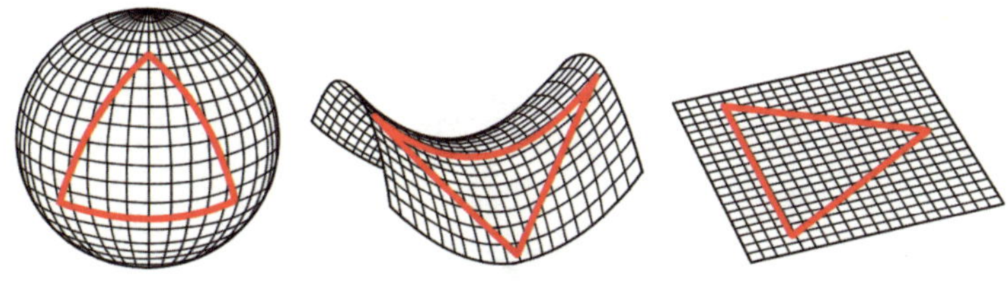

공간에 따라 다른 삼각형의 각도

차원이 아닌 3차원에서 보는 모습이기 때문이에요. 2차원 플랫맨에게는 이 변들이 모두 직선으로 보입니다. 아주 수학을 잘 아는 플랫맨이라면 삼각형의 세 각의 합을 구해 보고서 자기가 살고 있는 면이 평면인지 곡면인지 알 수 있을 거예요. 그리고 그 면이 크게 휘었는지 작게 휘었는지도 알아낼 수 있어요.

휘어진 공간에서는 정말 재미있는 일들이 일어나요. 직선을 생각해 봅시다. 직선의 양 끝은 직선에서 가장 거리가 먼 두 지점이지요. 그런데 그 직선을 구부려서 원을 만들면 어떻게 되나요? 조금 전에 가장 멀리 있었던 양 끝이 한 점에서 만나게 되었어요. 곧은 직선일 때는 가장 멀었던 두 점이 휘어지면서 가장 가까운 두 점이 되었어요. 직선의 어느 두 점도 직선을 적당히 휘면 서로 만나게 할 수 있어요. 이렇게 되면 여행하는 방식이 많이 달라지겠지요? 먼 곳을 힘들여서 찾아갈 것이 아니라 공간을 휘어서 끌어당기

휘어진 2차원 지구

면 멀리 이동하지 않고도 갈 수 있을 테니 말이에요. 이것은 현대 판 축지법이 아닐까요?

휘어진 공간에 대해서 좀 더 재미있는 상상을 해 볼까요? 먼저 둥근 지구 표면과 같은 휘어진 공간을 상상해 봐요. 우리가 살고 있는 이 지구의 표면은 둥글게 휘어져 있기는 하지만 지구가 정말로 2차원은 아니지요. 지구는 3차원 구이고, 지구 표면은 이 3차원 구의 표면일 뿐이에요. 그러니 지구 표면을 정말 순수한 2차원 공간이라고 할 수는 없어요. 여기서 말하는 휘어진 2차원은 3차원의 표면이 아니라 3차원이 전혀 없는 순수한 2차원 공간의 지구를 말하

  태양제국 가는 길에 상상력 좀 키웠습니다

는 거예요. 하지만 공처럼 생긴 것은 틀림없어요. 이런 공간에서는 빛도 그 표면을 따라서 진행해요. 그러면 빛이 직진하는 것이 아니라 휘어지겠죠? 하지만 2차원 공간에 사는 플랫맨은 빛이 휘어지는 것이 아니라 직진한다고 생각해요. 이런 휘어진 2차원 공간의 한곳에서 빛을 쏘면 그 빛은 지구를 한 바퀴 돌아서 제자리로 오겠지요? 내 뒷머리에서 나간 빛도 지구를 한 바퀴 돌아서 내 앞으로 오지 않겠어요? 그렇다면 어떤 현상이 일어날까요? 내 눈 앞에 내 뒷모습이 보이게 될 거예요. 앞을 보는데 뒷모습이 보이다니 얼마나 신기해요.

이런 세상에서는 조심할 일이 있어요. 내가 앞을 향해서 총을 쏘면 그 총알이 지구를 한 바퀴 돌아서 내 뒤통수를 노릴 수도 있어요. 사실, 우리가 사는 지구에서도 이런 일은 일어날 수 있어요. 아주 높은 산에 올라가서 매우 성능이 좋은 총을 앞으로 쏘면 그 총알이 지구를 한 바퀴 돌아서 당신의 뒤통수를 때릴 수도 있어요. 다만 그렇게 되기 위해서는 총알의 속도가 엄청 빨라야 해요. 계산에 의하면 초속 11km(음속의 30배, 즉 마하 30 정도)로 쏘아야 해요.

휘어진 공간에서는 더 이상한 일도 일어날 수 있어요. 뫼비우스 띠를 아나요? 이 띠는 그냥 휘어진 것이 아니라 한 번 꼬이면서 휘어진 거예요. 이 띠에 붙어 사는 플랫맨이 이 띠를 한 바퀴 돌아서 오면 어떻게 될까요? 좌우가 바뀌어 버려요. 오른손이 왼손이 되고, 왼쪽에 있던 심장이 오른쪽으로 가고, 모든 기관의 좌우가 바뀌어 버려요. 모든 것을 제자리로 다시 돌리려면 어떻게 해야 할까요? 뫼비우스 공간을 다시 한 바퀴 돌아야 해요. 간단하지요. 하지만 문제는 시간이 얼마나 걸리는지겠죠? 만약 1억 년이 걸린다면 어떻게 하겠어요? 그러니 이런 공간에서는 여행하는 것도 조심해야 해요.

그런데 남자가 여자로 바뀌는 휘어진 공간도 있을까요? 글쎄요. 그런 일이 일어나도록 이상하게 휘어진 공간을 상상하는 것은 쉽지 않군요.

우리가 사는 이 3차원 공간은 휘어져 있을까요? 평평할까요? 높이를 이해하지 못하는 플랫맨이 플랫랜드가 휘어져 있는지 평평한지 아는 것은 어렵다고 했지요? 마찬가지로 3차원에 사는 우리는 우리가 사는 3차원이 평평한지, 휘어져 있는지

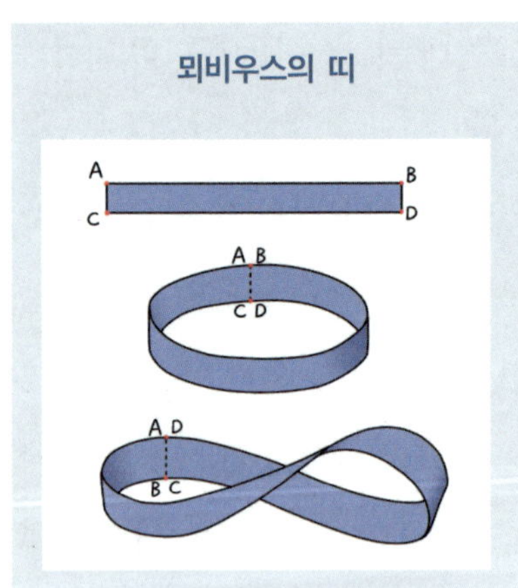

뫼비우스의 띠

뫼비우스의 띠는 양 끝이 연결된 띠인데 그냥 연결한 것이 아니라 한 번 꼬아서 연결한 띠를 말한다.

그림처럼 띠의 양 끝점을 아래 위를 각각 A, B, C, D로 표시할 때, 띠를 꼬지 않고 그대로 이으면 A와 B, C와 D가 붙게 되지만 한 번 꼬아서 뫼비우스 띠를 만들면 A와 D, B와 C가 붙게 된다.

뫼비우스 띠는 어느 쪽이 안이고 어느 쪽이 바깥인지 말할 수 없다. 만약 공간이 뫼비우스 띠 모양으로 꼬여 있다면 어떨까?

사람이 뫼비우스 공간을 한 바퀴 돌고 나면 오른쪽이 왼쪽, 왼쪽이 오른쪽이 되지 않을까?

태양제국 가는 길에 상상력 좀 키웠습니다

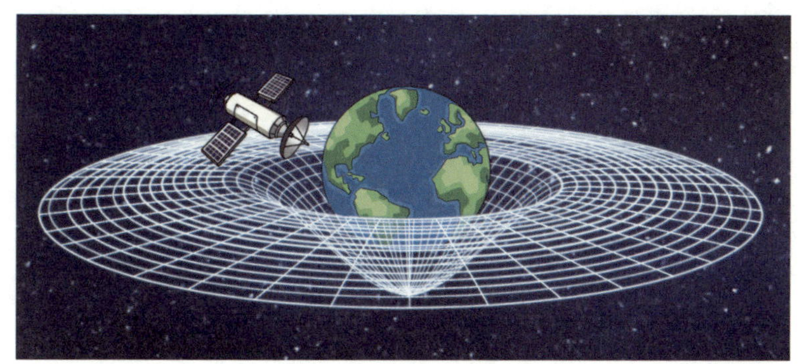

지구의 휘어진 공간

절대로 관찰할 수 없어요. 하지만 계산할 수는 있어요.

아인슈타인은 태양이나 지구와 같은 질량이 큰 물체는 주위의 공간을 휘게 한다는 사실을 밝혀냈어요. 인공위성이 지구를 중심으로 공전하는 것도 지구 주위의 공간이 휘어져 있기 때문이에요. 태양 주위에도 공간이 휘어져 있어요. 태양은 질량이 매우 크기 때문에 지구 주위보다 공간이 더 많이 휘어져 있어요. 그렇다면 이 우주의 전체 공간도 휘어져 있을까요? 아직까지는 그 답을 찾지 못했어요. 언젠가는 우주가 어떻게 휘어져 있는지 알게 되는 날이 오겠죠?

공간이 휘어져 있다는 것이 무슨 말인지 정리하고 마칠까요? 공간이 휘어져 있는 모습을 보기 위해서는 휘어진 공간보다 차원이 높은 공간에서 보아야 해요. 1차원 선이 휘어져 있는 모습은 2차원에서 보아야 해요. 2차원 면이 휘어져 있는지 보려면 3차원에서 보아야 해요. 마찬가지로 3차원이 휘어져 있는 모습은 4차원에서 보아야 해요. 우리가 사는 3차원이 휘어져 있는지 아닌지 알기가 어려운 이유가 바로 그것이에요. 우리가 3차원 인간이기 때문이지요.

이제 차원 여행을 마무리할까요? 점 하나에서 시작하여, 라인랜드, 플랫랜드, 스페이스랜드, 하이퍼랜드까지 정신없이 달려왔어요. 공간의 차원이 달라진다는 것은 너무나 다른 세상이 된다는 것도 알았어요. 플랫랜드에 사는 플랫맨에게 스페이스랜드에 사는 스페이스맨은 신처럼 보이지만, 라인랜드에 사는 라인맨에게는 플랫맨이 신처럼 보일 거예요. 마찬가지로 하이퍼랜드에 사는 하이퍼맨은 우리 스페이스맨에게 신처럼 보이겠지요. 우리는 비록 4차원 하이퍼랜드까지 살펴보았지만, 공간은 이렇게 4차원까지만 있을까요? 아니에요. 수학적으로는 5차원, 6차원, 나아가 무한차원까지 있을 수 있어요. 차원이 달라진다고 다른 수학이 필요한 것은 아니에요. 우리가 사용하는 수학은 아무리 차원이 달라져도 그대로 사용할 수 있어요.

수학은 우리의 사고의 지평을 무한히 넓혀 주는 마법과 같은 존재예요. 우리의 두뇌는 3차원만 인식하지만, 수학은 모든 차원을 다 이해할 수 있게 해요. 이렇게 보면 수학이 얼마나 고마운 존재인지 몰라요. 수학, 아둔한 우리의 두뇌를 똑똑하게 만들어 주는 고마운 정신적 무기예요.

외계인

아무도 보지 못했지만
누구나 믿는 외계인,
정말 있을까?

공간의 낭비

생명의 메아리 들리지 않는
저 무한한 공간 속으로

한 행성의 절규가
우주로 뻗어 가네

우리는 우주의 변방에서 피어난
한 송이 외로운 꽃

어딘가에 피어 있을
또 다른 꽃 소식을 기다리는
고독한 존재

이 가련한 존재의
이 간절한 희망을
저 공간은 알고 있는가

저 무한한 공간이
이 간절한 절규를 외면한다면

신은,
저 무한한 공간을
왜 만들었단 말인가

지구는 우주의 중심이야 인간은 지구에만 있다고
클라우디오스 프톨레마이오스

그래도 지구는 도는데~ 지구보다 태양이 더 중심이야!
갈릴레오 갈릴레이

하늘에는 별보다 더 많은 은하가 있어
허블

지구에만 생명이 있다고? 그것은 공간의 낭비야!
칼 세이건

외계인은 정말 있을까?

외계인이 정말 있을까요? 외계인을 본 사람은 아무도 없어요. 외계인이 있다면 그들이 우리에게 신호를 보냈을 것 같은데, 아직까지 아무런 신호(전파)도 발견하지 못했어요. 이렇게 모두가 외계인을 이야기하는데 왜 아직도 아무런 증거도 찾을 수 없을까요? 그런데도 과학자들이 외계인을 믿는 이유는 무엇일까요? 과학자들은 왜 아무 증거도 없이 보지도 못한 외계인이 있다고 믿을까요?

과학자는 어떤 사람들인가요? 다른 어떤 사람들보다 관찰과 실험을 통해서 증명된 것만을 믿는 사람들이에요. 과학자들도 없는 것을 상상하고 추측하지만, 그 상상과 추측이 관찰과 실험을 통해서 확인되었을 때 비로소 믿는 사람들이에요. 그런데 아직까지 외

태양제국 가는 길에 상상력 좀 키웠습니다

계인을 본 과학자도 없고, 그들을 만난 과학자도 없어요. 외계인을 데리고 실험을 해 본 과학자는 더더욱 없어요. 그런데도 과학자들은 대부분 외계인이 어딘가에 있다고 믿어요? 왜 그럴까요?

지금처럼 망원경도 없었던 시절에는 눈이 거의 유일한 천체 관측 장치였어요. 눈으로 보이는 하늘에는 해와 달, 그리고 별이 전부였어요. 가끔 별똥별이 떨어지기도 했고요. 드물게 꼬리가 긴 혜성이 나타났다 사라지기도 했고요. 그러다가 어떤 때는 낮에도 볼 수 있을 정도로 아주 밝은 초신성이 나타나기도 했어요. 과거 사람들은 이 모든 현상이 놀랍고 신기해서 하늘의 별이 인간의 운명을 결정한다고 믿었어요. 하지만 그들은 별이 왜 저렇게 반짝이는지, 별똥별이 왜 긴 꼬리를 만들며 떨어지는지, 왜 밝은 대낮에 초신성이 나타나는지 알 수 없었어요. 사람들은 그냥 신기하다고 생각하고 말았겠지요. 무슨 다른 방법이 있었을까요? 하늘이 하는 일이니 땅의 인간이 어떻게 알겠느냐고 생각하고 말았을지도 몰라요.

과학이 발달한 지금은 별이 왜 빛나는지, 별똥별이 무엇인지, 혜성이 어디서 와서 어디로 가는지, 언제 다시 찾아올지를 알아요. 그리고 초신성은 별이 거대한 폭발을 일으킬 때 나타난다는 사실도 알아요. 옛날에는 천체의 운행을 신이 주관하고 인간은 이해할 수 없는 신비한 현상으로만 알았어요. 물론 지금도 하늘에서 일어나는 일을 다 아는 것은 아니지만, 그래도 잘 관찰하고 연구하면 알 수 있다고 생각하지요.

우주

은하에 있는 별의 수:	약 1,000억 개
우주에 있는 은하의 수:	약 1,000억 개
우주의 나이:	138억 년
우주의 크기:	930억 광년

이렇게 우리가 하늘을 잘 알게 된 것은 망원경의 발달 덕분이에요. 망원경이 발달하면서 우리는 지구가 우주의 중심이 아니라는 것도, 하늘에 얼마나 많은 별이 있고, 그 별 주위에 지구와 같은 행성이 얼마나 많이 있는지도 알게 되었어요.

사람들은 목성을 관찰하다가 깜짝 놀랐어요. 목성 주위에 다른 별이 돌고 있지 않겠어요. 지구가 우주의 중심이고 모든 천체는 지구를 중심으로 돌아야 한다고 믿고 있었는데 목성을 중심으로 다른 별이 돌다니 말이에요. 토성은 더욱 놀랍지요. 그 둘레에 아름다운 띠까지 있으니 말이에요. 과학자들이 태양계에 있는 행성들의 운동을 관찰하면서 지구가 우주의 중심이 아니라 태양 둘레를 공전하는 여러 행성 중의 하나에 불과하다는 것을 알게 되었지요.

그뿐이 아니에요. 태양도 우주의 중심이 아니라는 것도 알게 되었어요. 하늘에 있는 수많은 별이 다 태양과 같은 것이고, 그 별들도 주위에 태양계의 행성과 같은 여러 행성을 거느리고 있다는 걸 알게 되었어요. 그리고 이 우주에는 별이 수천억 개가 모여 있는 은하들도 있어요. 이런 은하도 수없이 많아서 그 수를 이루 헤아릴 수 없을 정도예요. 은하 한 개에 수천억 개의 별이 있고, 그런 은하

은하 속 지구

가 수천억 개가 있는 것이 이 우주이지요.

그런데 생각해 보세요. 무수하게 많은 별이 있고, 그 둘레를 도는 행성도 수없이 많을 텐데 왜 하필 지구에만 인간이 있을까요? 그 많은 행성 중에 지구처럼 공기도 있고, 물도 있는 행성이 하나도 없을까요? 이 우주에 수없이 많은 행성이 있다면 그중에 어떤 행성은 지구와 비슷한 행성도 있지 않겠어요? 만약 행성 100만 개 중한 개가 지구와 비슷한 행성이라고 해도, 이 우주에는 지구와 비슷한 행성이 수없이 많을 겁니다. 그렇다면 당연히 다른 행성에도 생명체가 있을 확률이 높겠죠? 그리고 그 생명체 중에는 인간처럼 고등 지능을 가진 생명체가 나타나지 말라는 법도 없지요.

이렇게 생각에 생각을 더해 가다 보면, 지구에만 인간처럼 지능을 가진 생명체가 있어야 한다는 것은 말이 안 되는 것 같죠? 『코스모스』라는 책을 쓴 칼 세이건은 말했어요. 이렇게 큰 우주에, 이렇게 많은 별 중에 지구에만 생명이 있다면 그것은 '공간의 낭비'라고 말이지요. 공간의 낭비, 참 재미있는 말이지요? 지구에만 사람이 있다면 왜 이렇게 어마어마하게 큰 우주가 필요할까요? 여러분이 창조주라면 이렇게 큰 우주에 지구에만 사람이 살게 했을까요? 어떤 사람들은 신이 인간을 위해서 해와 달, 그리고 하늘의 모든 별을 창조했다고 생각해요. 정말 그랬을까요? 여러분이 신이라면 이 우주의 지구에만 인간을 만들어 놓고 이 우주를 가지고 놀게 했을까요? 아니면 다른 곳에도 이 우주를 가지고 놀 인간은 아닐지라도 지능을 가진 존재를 창조했을까요?

이처럼 큰 우주에, 지구에만 인간이 있다는 것은 정말 상상하기 어려워요. 그래서 과학자들도 외계인이 있다고 믿어요. 그런데 과학자들이 그렇게 믿는다고 해서 정말 외계인이 있을까요? 그것은 아무도 몰라요. 여러분은 어떻게 생각하나요? 정말 외계인이 있을까요?

정말 지구에만 생명체가 있다고?

저 넓은 우주에
저 많고 많은 별에
아무도 없다고?

여러분은 어떻게 생각해요?

닮았다는 건

닮았다는 건
조상이 같다는 것

개와 소가 닮은 건
조상이 같다는 것

사람과 고양이가 닮은 건
조상이 같다는 것

외계인과 지구인도 닮았을까?

왜 흑인의 피부는 까맣고 백인은 하얄까?
조상이 다르기 때문이야
흑인
백인
왜 사람도 눈이 두 개 강아지도 눈이 두 개야?
조상이 같기 때문이야
뭐라꼬?
조상이 같기 때문이야
멍! 멍!
휙

2

외계인은 어떻게 생겼을까?

　영화 〈E.T.〉를 아나요? 영화 속 외계인 E.T.의 모습이 기억나나요? 어떤가요? 재미있게 생겼지요? 과연 진짜 외계인도 이렇게 생겼을까요? 아무도 외계인을 본 적이 없으니 외계인이 어떻게 생겼을지 알 방법은 없지만 그래도 상상은 해 보아야겠죠?

　영화 〈E.T.〉에 나오는 것 같은 외계인이 실제 외계인의 모습일 가능성은 거의 없습니다. 왜 그럴까요? 지구에 있는 생명체들을 보세요. 개나 소는 사람과 많이 다릅니다. 하지만 소와 사람을 비교하면 같은 점이 많을까요? 다른 점이 많을까요? 물론 다른 점도 많지만 같은 점도 참 많아요.

　소는 사람처럼 머리도 있고 다리도 있어요. 게다가 눈, 코, 귀, 입

태양제국 가는 길에 상상력 좀 키웠습니다

외계인은 어떤 모습일까?

도 있어요. 그뿐인가요? 심장도 있고, 사람이 가지고 있는 거의 모든 장기를 가지고 있어요. 같은 점이 이루 말할 수 없이 많아요. 소는 왜 이렇게 인간과 많이 닮았을까요? 그것은 바로 소와 인간의 조상이 같기 때문이에요.

진화라는 말 들어 보았지요? 지구에는 다양한 생물들이 있어요. 이렇게 다양한 생물도 사실은 하나의 조상에서 오랜 세월 진화 과정을 거쳐서 생겨난 것이에요. 이렇게 단순한 생물이 점차 다양하고 복잡한 생물로 변해 가는 것을 진화라고 해요. 지구에 있는 모든 생물은 같은 조상에서 갈라져 나왔기 때문에 닮은 거예요.

물고기와 사람도 너무나 다르게 보이지만 자세히 보면 닮은 점도 많아요. 눈도 있고, 심장도 있고, 몸속에 피도 흐르고 있어요. 물고기의 살을 우리가 먹을 수 있는 것도 그 살이 우리의 살과 닮았기 때문이에요. 사실은 물고기의 조상도 우리의 조상이라고 할 수 있지요. 같은 조상에서 나왔기 때문에 자세히 살펴보면 닮은 점이 많아요.

그런데 외계인의 조상도 우리와 같은 조상일 수 있을까요? 지구에 생명이 어떻게 탄생했는지는 확실하게 알 수는 없어요. 지구에서 자체적으로 생겼다는 학설도 있지만, 외계로부터 왔다는 설도 있어요. 정확히 알 수는 없지만, 외계에서 생명의 씨앗이 왔다고 해도 그것이 완전한 생명체일 가능성은 없어요. 생명체를 만드는 아주 원시적인 것, 좀 복잡한 분자 정도였을 거에요. 그러니 외계인과 우리가 같은 조상일 가능성은 없어요. 조상이 다른데 어떻게 서로 닮을 수 있겠어요?

물론 외계인이 있다면 그들도 원자로 만들어져 있을 것이니 닮은 점이 전혀 없다고는 할 수 없겠지요. 하지만 지구에 있는 어떤

태양제국 가는 길에 상상력 좀 키웠습니다

생명체보다 인간과 더 닮기는 어려울 겁니다. 다시 말하면 물고기와 인간이 닮은 정도와 외계인과 인간이 닮은 점을 비교한다면, 당연히 외계인보다 물고기가 인간을 더 닮았을 거예요. 다시 말하면 외계인은 물고기만큼도 인간과 닮은 점이 없다는 거예요.

그러면 진짜 외계인은 어떻게 생겼을까요? 아무도 몰라요. 한 가지 확실한 것은, 우리가 상상하는 모든 외계인이 진짜 외계인과는 절대로 같지 않을 것이라는 점이지요. 인간의 조상과 전혀 다른 조상에서 진화해 온 외계인의 모습에서 인간과 닮은 점을 찾기는 정말 어려울 겁니다.

여러분이 상상하는 외계인을 종이에 그려 보세요. 그리고 인간

인간과 소는 닮은꼴!

과 닮은 점이 하나도 없는지 살펴보세요. 눈이 있다면 닮은 겁니다. 손발이 있다면 그건 너무 닮은 거지요. 손가락이 다섯 개라면 그건 기적이에요. 하나도 닮은 점이 없는 외계인을 그리거나 상상하는 것은 참으로 어려워요.

아마 우리가 외계인을 만난다면 그것이 외계인인지 아닌지 알아차리지 못할 겁니다. 외계인도 눈이 있을까요? 눈이 없으면 물건을 볼 수도 없잖아요? 정말 그럴까요? 눈이 없어도 냄새로 알 수도 있고, 박쥐처럼 초음파로 사물을 볼 수도 있지 않을까요? 의사소통을 반드시 소리나 빛으로만 하라는 법은 없어요. 외계인은 우리와 전혀 다른 방법으로 사물을 인식하고 생각을 주고받을지도 몰라요. 우리가 라디오나 TV를 보는 것처럼 전자파로 의사소통하는 것도 가능할지도 몰라요. 우리는 밥을 먹어서 에너지를 흡수하지만, 외계인은 밥을 먹지 않고 햇빛의 에너지를 이용할지도 몰라요. 햇빛이 아니면 땅의 온기로 에너지를 흡수할지도 모르지요. 아니면 원자로와 같은 에너지 장치를 몸에 가지고 있을지도 모르지요. 외계인의 몸이 우리처럼 살과 뼈로 되어 있을까요? 아니면 AI 로봇처럼 실리콘으로 되어 있을까요? 몸에 피가 흐르고 있을까요? 아니면 전기가 흐르고 있을까요? 전기도 아닌 다른 무엇이 흐르고 있을까요?

어때요? 외계인을 상상하는 것은 재미있는 일입니다. 정답이 없으니 마음대로 상상할 수 있지요. 상상력은 우리가 세상을 알아가는 나침반 같은 거예요. 문명을 이루어 내는 원동력이지요. 외계인을 상상해 보세요. 여러분의 상상력이 쑥쑥 자랄 거예요.

우주적 그리움

너는 먼 별에서 온 손님

눈동자에 우주를 담고
상상할 수 없는 모습으로
우주의 신비한 이야기를 가지고 오겠지

이 우주의 변방에 홀로 떨어져 있는 나는
오늘도 하늘의 별을 바라보며
너를 생각한다네

저 수많은 별들 어딘가에서
너도 나를 그리워하고 있을까?

오늘도
언젠가 너를 만나게 될
그날을 손꼽아 본다

뻬리 뻬리 ~
니네도 물로 된
바다가 있니 ?

띠리 띠리 ~
응 그런데 암모니아로
된 바다야

뻬리 뻬리 ~
니네도 밥을 먹니?

띠리 띠리 ~
뭐라꼬? 그런 저저분한
걸 어떻게 먹어?
우리는 빛을 먹어!
파 앗!

3

외계인은 어디에 있을까?

외계인이 있다면 그들은 어디에 살고 있을까요? 그들의 신체는 인간과는 매우 다를 것이므로 인간이 살 수 없는 환경에서 살고 있을지도 몰라요. 물속에서 살지도 모르고, 땅속에서 살지도 모르고, 심지어는 불구덩이 속에서 살지도 몰라요. 하지만 가장 쉽게 생각할 수 있는 환경은 지구와 비슷한 환경이 아닐까요? 왜냐하면 지금이 지구에서 생명이 생겨난 것은 분명한 사실이잖아요. 그렇다면 지구와 비슷한 환경을 가진 행성에 생명이 생길 확률이 그렇지 않은 행성에 생명이 생길 확률보다 더 높지 않겠어요? 그렇다면 외계 행성 중에서 지구와 비슷한 환경을 찾아보는 것이 좋겠지요?

우주에서 생명체가 살기 적합한 환경을 가진 행성을 '골디락스

태양제국 가는 길에 상상력 좀 키웠습니다

존'^{Goldilocks Zone}'이라고 해요. 다른 말로 거주 가능 지역^{Habitable Zone, HZ}이라고도 해요. 쉽게 말하면 지구와 비슷한 환경이라는 말이지요. 우주에는 별도 많고, 그 별 주위를 도는 행성은 더 많아요. 이렇게 많고 많은 행성 중에는 지구처럼 생명체가 살기에 적합한 행성도 있지 않겠어요. 즉, 골디락스 행성 말이지요.

생명체가 살기 위해서는 땅도 있어야 하고 물도 있어야 하고, 대기도 있어야 해요. 그렇게 되기 위해서는 너무 차갑지도 너무 뜨겁지도 않은 곳이어야 해요. 물

골디락스 존(Goldilocks Zone)

골디락스는 영국의 유명한 동화 『골디락스와 곰 세 마리』에서 나온 말이다.

골디락스라는 예쁜 여자아이가 숲속에서 작은 오두막을 발견했다. 주방에 들어가니 맛있는 수프가 담긴 세 그릇이 있었다. 한 그릇의 죽은 너무 차갑고, 다른 한 그릇의 죽은 너무 뜨거웠다. 마지막 그릇은 차갑지도 뜨겁지도 않고 적당해서 그것을 먹었다. 다시 거실에 가니 의자가 세 개 있는데, 하나는 너무 작고, 다른 하나는 너무 크고, 나머지 하나는 작지도 크지도 않고 적당해서 이 세 번째 의자에 앉았다. 피곤이 몰려와 침실에 가 보니 침대가 세 개 있는데 하나는 너무 푹신하고, 하나는 너무 딱딱하고, 다른 하나는 푹신하지도 딱딱하지도 않고 적당해서 그 침대에 누워서 잠이 들었다. 그러다 갑자기 집에 돌아온 세 마리의 곰을 마주한 소녀는 깜짝 놀라 도망친다는 이야기다.

이처럼 골디락스는 소녀가 선택한 것처럼 차갑지도 뜨겁지도 않고, 작지도 크지도 않은 적당한 것을 가리키는 의미로 사용되는 말이다.

은 0℃에서 얼고 100℃에 끓어요. 그래서 물이 존재하기 위해서는 너무 차갑지도, 너무 뜨겁지도 않아야 해요.

이런 조건을 갖춘 행성은 어떤 행성일까요? 행성의 온도는 우리

의 태양처럼 그 행성이 돌고 있는 별과의 거리에 의해서 결정돼요. 너무 멀면 추워서 안 되고, 너무 가까우면 뜨거워서 안 됩니다. 물이 존재하기 위해서는 별과 적당한 거리에서 돌고 있는 행성이어야 해요.

하지만 거리만 적당하다고 다 골디락스 존이 되는 것은 아니에요. 행성의 크기도 중요해요. 너무 작으면 대기를 붙잡아 줄 힘(중력)이 없어서 곤란하지요. 달을 보세요. 달은 태양에서 적당한 거리에 있지만 너무 작아요. 작으니 중력도 작아서 공기를 잡아 둘 수가 없어요. 그래서 달에는 공기가 없어요.

물은 물질을 용해하고 화학반응이 잘 일어나게 하는 중요한 물질이에요. 생명체도 음식을 먹고 에너지를 얻기 위해서는 몸속에서 화학반응이 일어나야 해요. 그래서 모든 생명체에게는 물이 중요하지요. 그래서 인간의 몸도 70% 이상이 물로 구성되어 있어요.

땅속도 중요해요. 지구 내부에는 뜨거운 마그마가 있어서 화산이 폭발하기도 하지만, 마그마가 있기 때문에 지구에 자기장이 만들어져요. 자기장은 눈에 보이지는 않지만 우주로부터 날아오는 방사선을 막아 주는 중요한 역할을 해요. 자기장이 없다면 방사선 때문에 모든 생물체의 세포가 다 파괴되고 말 거예요.

이처럼 생명체가 살 수 있는 골디락스 존은 매우 까다로운 조건을 만족해야 해요. 만약 우주에 행성이 만 개나 백만 개, 아니 수천

   태양제국 가는 길에 상상력 좀 키웠습니다

글리제 행성계

만 개만 있다면 그런 조건을 만족하는 행성을 찾기는 어려울지도 몰라요. 하지만 우주에는 이루 말할 수 없이 많은 별이 있고, 그 별보다 훨씬 더 많은 행성이 있어요. 그 많고 많은 행성 중에 그러한 조건을 만족하는 행성이 없을 수는 없어요. 사실, 그런 행성은 헤아릴 수 없이 많아요. 최근에 들어와서 과학자들이 실제로 발견한 외계 행성은 대단히 많고, 계속 발견되고 있어요.

그렇다면 과학자들은 골디락스 존을 발견했을까요? 확실하게 말할 수는 없지만, 지구와 비슷한 환경이라고 볼 수 있는 행성도 많이 발견했어요. 그중에서 가장 유력한 후보는 글리제 581(Gliese 581)이라는 별이에요. 글리제 581은 지구에서 20광년 떨어진 우리 은하의 천칭자리에 있는 별이라고 해요. 이 별은 태양처럼 행성을 여러 개 거느리고 있어요. 그 행성 중 몇 개가 골디락스 존에 속해요. 그중에도 글리제 581g라는 행성이 가장 유력한 후보라고 해요. 이 행성은 2010년에 발견되었는데 물과 대기가 존재할 가능성이 매우 크다고 해요. 하지만 더 자세한 것은 알 수가 없어요. 우리와 멀리 떨어져 있어서 태양계의 행성인 금성이나 화성처럼 망원경으로 그 모습이 보이는 것이 아니라 그들의 태양인 글리제 581의 밝기와 움직임을 관찰해서 간접적으로 확인할 수밖에 없기 때문이에요.

과학자들은 2008년에 그리제 581을 향해서 전파를 보냈어요. 만약 여기에 고등 지능을 가진 생명체가 있다면 우리의 전파를 받을 것이고, 또 그들이 우리의 암호를 해독하여 우리에게 회신을 보낼지도 모르지요. 만약 그들이 회신을 보낸다면 빨라도 2048년은 되어야 받을 수 있대요. 이 글을 쓰는 나는 그때까지 살기 어렵겠지만, 여러분은 그 신호를 받을 수 있을 겁니다. 정말 거기에 인간과 같은 고도의 지능을 가진 생명체가 있다면 말입니다. 그렇게 되면 온 지구가 발칵 뒤집히겠지요? 설레는 마음으로 그날을 기다려 봅니다.

그런데 외계인이 우리가 생각하는 이 골디락스 존이 아니면 살 수 없을까요? 우리와 같은 인간이라면 분명히 살 수 없겠지만 우리와 다른 몸을 가졌다면 지구의 환경과는 아주 다른 환경에서 살고

   태양제국 가는 길에 상상력 좀 키웠습니다

있을지도 몰라요. 그들에게 지구는 살기 좋은 곳이 아니라 도저히 살 수 없는 곳일 수도 있지 않을까요? 그들도 우리처럼 음식을 먹어서 에너지를 얻을까요? 음식이 아니라 햇빛으로 에너지를 얻을 수도 있지 않을까요? 그들도 우리처럼 숨을 쉴까요? 전혀 숨을 쉴 필요가 없는 생명체일지도 모르지요. 그렇다면 대기가 없어도 살 수 있지 않겠어요?

외계인이 어떤 생명체일지 아무도 모르니 그들이 사는 환경을 짐작하는 것도 어려워요. 그렇지만, 지구라는 환경에서 생명체가 있는 것은 사실이므로 지구와 같은 환경인 다른 행성에도 생명체가 있을 가능성은 있어요.

우주 어디에 있을지도 모르는 외계인, 우리가 이처럼 애타게 찾고 있듯이 그들도 우리를 애타게 찾고 있지 않을까요? 외계인을 정말 보고 싶네요.

빛이 사랑인 세상

그들은,
빛으로 사랑을 한다네

말도 아니고
마음도 아니고
몸도 아니고

빛으로 사랑을 한다네

만남도 없고
이별도 없는

아픔도 없고
슬픔도 없는

세상에 가득한 빛

빛이 사랑인 세상

너네도 사랑을 하니?
사랑이 뭔데?
왜 있잖아 남자와 여자가 서로 입맞춤도 하고 결혼도 하고~
남자와 여자? 우리는 그런 거 없어!
기분 나빠…
사랑도 못 하면서 너네는 왜 살아?
사랑이 밥 먹여 주니?

4

외계인도 사랑을 할까?

　누군가 지구인에게 가장 중요한 것이 뭐냐고 물으면 어떻게 대답할까요? 돈이라고 할까요, 아니면 권력이라고 할까요? 그것도 아니면 명예라고 할까요? 그럴 수도 있지요. 하지만 아마도 '사랑'이 정답 아닐까요? 사랑은 남녀 간의 사랑도 있지만, 부모와 자식 간에, 친구 간에, 사람과 사람 사이에 주고받는 가장 소중한 것이라고 할 수 있어요. 그런데 외계인도 사랑을 할까요? 그들도 우리가 하는 사랑이 무엇인지 이해할까요?

　사랑에도 여러 유형이 있지만, 사랑의 시작은 아마도 남자와 여자가 만나서 결혼하고, 자식을 낳는 행위에서 생긴 것이 아닐까요? 그렇다면 사랑의 감정이 생기기 위해서는 서로 다른 개체가 성적인

　　　　　태양제국 가는 길에 상상력 좀 키웠습니다

관계를 맺는 것에서부터 시작되었다고 보아야 할 것입니다. 그렇다면 외계인도 성별(남자와 여자)이 있을까요? 종족을 번식하기 위해서는 그래야 한다고요? 여러분, 무성생식이라는 말을 들어보았

나요? 암수 없이 자손을 퍼트리는 방식 말입니다.

외계인은 성별이 없을지도 몰라요. 성별이 없다면 결혼도 하지 않겠지요? 결혼도 하지 않으면 우리 지구인이 하는 것과 같은 남녀 간의 사랑은 존재하지 않을 겁니다. 사랑이 반드시 남녀 간에만 이루어지는 것이 아니긴 하지만 결혼이라는 것이 없는 사회의 사랑은 우리의 사랑과는 많이 다르지 않을까요?

만약 사랑을 모르는 외계인이라면 그들의 감정은 어떨까요? 슬픔이란 감정이 있을까요? 기쁨이라는 감정도 있을까요? 지구의 생명체는 인간은 물론 동물들도 감정이 있어요. 강아지를 보세요. 좋아서 폴짝폴짝 뛰어놀다가도 낯선 사람을 보면 마구 짖어 대잖아요. 감정이 있다는 겁니다. 그런데 외계인, 그냥 생명체가 아니라 우리보다 뛰어난 지능을 가진 존재가 감정이 없을 수 있을까요? 글쎄요. 어쩌면 감정이 있을지도 몰라요. 하지만 외계인이 감정을 가지고 있을지는 몰라도 그들의 감정은 우리의 감정과는 많이 다를

겁니다.

　AI를 보세요. 알파고는 바둑에서 인간을 이겼어요. 그 분야에서는 인간보다 알파고가 지능이 더 높다고 봐야 해요. 그런데 알파고가 감정을 가지고 있나요? 없습니다. 감정 없이도 높은 지능을 가지는 것은 얼마든지 가능해요. 그러니 우리보다 과학기술이 발달하고 지능이 더 높은 외계인이라고 해서 반드시 감정을 가지고 있다고 장담할 수는 없어요. 그러니 그들이 사랑이라는 감정이 있을지는 확신할 수 없어요. 외계인이 감정을 가지고 있을지 없을지 아무도 몰라요. 가지고 있다고 해도 우리와 같은 감정을 가지고 있을

　　　　　　　태양제국 가는 길에 상상력 좀 키웠습니다

가능성은 아주 적어요.

우리보다 지능은 높지만 감정이 없거나, 우리와는 전혀 다른 감정을 가진 외계인과 우리가 서로 사랑을 할 수 있을까요? 사랑은 고사하고 의사소통이라도 가능할까요?

참 이상하지요? 이렇게 어떻게 생겼는지, 무슨 생각을 하는지, 만난다고 해도 우리와 사랑을 나눌 수 있을지도 알 수 없는 존재를 우리는 왜 이토록 애타게 찾고 있다니 말입니다.

지구인의 믿음

보이는 것보다
보이지 않는 것을
더 믿기에

신을 믿고
사랑을 믿고
하늘을 믿고
꿈을 믿고

UFO도 믿고

받아랏!
떡!
슈우우우우웅
!
요상하게
생겼네...
스윽
??
UFO다!
꾸엑~
팅!
팅!

5

UFO는
정말 외계인이 타고 온 것일까?

외계인이 지구를 방문한다면 그들은 어떤 모습으로 나타날까요? 비행접시를 타고 직접 올까요? 아니면 먼저 무인 우주선을 보낼까요? 아니면 로봇이 운전하는 우주선을 먼저 보낼까요?

생각을 바꾸어 우리가 외계 행성으로 가는 것을 상상해 봅시다. 멀리 갈 것도 없이 화성에 가는 일부터 생각해 볼까요? 처음부터 화성에 사람이 탄 우주선을 보낼까요? 아니면 무인 우주선을 보내서 먼저 화성이 어떤 곳인지 정보를 얻는 일부터 시작할까요? 지금까지 우리는 화성에 우주선을 보내기는 했지만 아직 사람을 보내지 않았어요. 아마 당분간 사람을 보내지 않고 무인 우주선만 보낼 거예요. 사람이 화성에 간다고 해도 그곳에서 생활할 수도 없습니

태양제국 가는 길에 상상력 좀 키웠습니다

다. 그렇기에 먼저 로봇을 보내서 탐사를 하고, 사람이 살 수 있는 환경을 만들어 놓은 후에야 갈 거예요. 지금까지는 화상 탐사선을 보내서 착륙도 하고 표면을 조사를 하고 있는 상태입니다.

이제 외계인의 입장으로 돌아가 볼까요? 그들이 지구라는 행성을 발견했다고 합시다. 망원경이나 다른 어떤 통신 수단을 사용하여 발견했겠지요? 그리고 그들도 직접 지구에 올 것이 아니라 처음에는 무인 우주선을 보내지 않겠어요?. 그래서 지구가 어떤 곳인지, 무엇이 있는지, 무슨 일이 벌어지고 있는지, 안전한 곳인지, 지구에 관한 모든 것을 파악한 후에 그들이 직접 오지 않을까요? 만약 UFO가 외계에서 온 비행물체라면 무인 비행체가 먼저 왔을 거예요.

그런데 UFO에 관한 소문들은 대부분 외계인이 타고 왔다고 하고, 심지어는

UFO는 미확인 비행 물체(Unidentified Flying Object)의 준말로, 하늘에 날아다니는 물체인데 그 정체를 알 수 없을 것을 말한다. 이것을 다른 말로는 UAP라고도 하는데 이것은 미확인 이상 현상(Unidentified Anomalous Phenomenon), 또는 미확인 기상 현상(Unidentified Ariel Phenomenon)이라는 뜻이다. 둘 다 미확인(알 수 없음)은 같다. 하지만 UFO는 실제 존재하는 '날아다니는 물체'라는 의미가 있지만, UAP는 그냥 '이상한 현상'이라고 함으로써 실제 존재하는 현상이 아니라는 뉘앙스를 풍긴다. 용어를 이렇게 바꾼 배경은, 사람들이 UFO를 외계인이 타고 온 비행물체라고 오해하는 것을 막기 위한 것이다. UFO를 외계인이 타고 온 비행물체라고 믿는 사람이 많지만, 과학자들은 대부분 그렇게 생각하지 않는다. 그렇게 믿어야 할 과학적인 증거가 아무것도 없기 때문이다.

추락한 외계인을 미국의 비밀 기관에서 체포해서 해부까지 했다는 소문이 돌아요. 여러분은 어떻게 생각하나요?

지구를 방문할 수 있는 외계인이라면 우리보다 기술이 엄청 발달한 존재가 틀림없어요. 우리는 아직 화성에도 사람을 보내지 못했는데, 태양계 저 밖의 수십 광년 떨어진 별에서 지구까지 올 수 있는 외계인이라면 그들의 문명은 우리 지구의 문명과는 비교가 되지 않을 정도로 대단하지 않겠어요? UFO가 정말 외계인의 비행 물체라면 그들이 지구에서 추락하여 우리에게 붙잡힌다는 것은 상상도 할 수 없는 일입니다.

어떤 사람들은 UFO의 잔해라면서 주워서 보고한 것도 있어요. 만약 그것이 외계인이 타고 온 UFO의 잔해라면 그 물질이 무엇일까요? 돌일까요? 철일까요? 아니면 플라스틱일까요?

한번 생각해 볼까요? 돌도끼를 사용하던 구석기 시대에 우리가 지금 사용하는 페트병이 하늘에서 떨어졌다면 그들은 어떻게 생각할까요? 그들이 사용하는 재료는 나무, 흙, 그리고 돌이 전부였어요. 그런데 그 시절에 플라스틱을 본다면 그들은 이것은 틀림없이 외계인의 것이라고 생각하는 것도 무리가 아닐 겁니다.

지금 우리가 비행기를 만들 때 사용하는 재료 중에서 구석기 시대 사람들이 볼 수 있는 재료가 하나라도 있나요? 나무, 돌, 흙으로 만든 비행기를 상상할 수 있나요? 마찬가지로 우리보다 과학기

   태양제국 가는 길에 상상력 좀 키웠습니다

술이 엄청 발달해서 별에서 별로 여행할 수 있는 외계인이 타고 온 비행물체를 우리가 지금 사용하고 있는 금속이나 플라스틱으로 만들었을 가능성이 있을까요? 그들은 우리가 만든 첨단 재료보다 더 가볍고, 단단하고, 성질이 전혀 다른 재료를 사용하지 않을까요? 그런데 UFO의 잔해라며 주워 온 것들은 모두 지금의 우리가 사용하고 있는 재료로 되어 있어요. 그러니 그것이 어떻게 정말 외계인이 타고 온 비행물체에서 나온 것이라고 할 수 있을까요?

사실 더 의아한 것은 UFO가 추락했다고 주장하는 겁니다. 그런 일이 있을 수 있는 일일까요? 더욱이 추락한 지구인과 닮은 모습의 외계인 어린이를 미국이 비밀 기관에서 해부까지 했다는 동영상이 온라인에 퍼졌던 적이 있어요. 정말 사실일까요? 정말 외계인이라면 지구인과 그렇게 닮을 수 있을까요? 실제로 그 동영상은 가짜라는 것이 드러났어요.

외계인이 정말로 지구에 왔을 수도 있고 다녀갔을 수도 있어요. 하지만 UFO에 관한 보고들만으로 그것이 외계인이 타고 온 것이라고 단정할 수 있는 것은 아무것도 없어요. 어떤 것은 카메라의 오작동에 의한 것이고, 어떤 것은 이상한 기상 현상일 수도 있고, 어떤 것은 카메라 앞을 지나가는 벌레일 수도 있고, 어떤 것은 착시현상일 수도 있고, 어떤 것은 환각이나 환상일 수도 있고, 어떤 것은 사람들을 속이려고 만들어 낸 가짜일 수도 있어요.

외계인 음모론!?

UFO가 무엇인지 다 과학적으로 밝혀진 것은 아니지만 그것이 외계인이 타고 왔다는 증거는 하나도 없어요. 그래서 미국 나사^{NASA}에서는 UFO라는 말 대신에 UAP(Unidentified Aerial Phenomenon, 미확인 공중 현상)이라는 말을 사용할 것을 추천하고 있어요. 사람들이 UFO를 외계인이 타고 온 비행물체라고 오해하는 것을 막기 위한 것이지요. 외계에서 왔다는 증거가 아무것도 없기 때문이에요. 그렇다고 외계인이 지구에 오지 않았다는 증거도 물론 없어요. 우리가 알지 못하는 방법으로 다녀갔을 수도 있고, 우리가 모르게 우리를 감시하고 통제하고 있는지도 모르지요.

모두 상상일 뿐이에요. 외계인이 왔다는 증거도, 오지 않았다는

태양제국 가는 길에 상상력 좀 키웠습니다

증거도 없어요. 이럴 때 우리는 어떻게 생각하는 것이 좋을까요? 왔다고 믿어야 할까요? 오지 않았다고 믿어야 할까요? 이럴 때 과학자들이 취하는 태도는 '알 수 없다'입니다. 모르는 거지요. 모르기 때문에 상상하는 거지요. 상상은 자유니까요. 아직 외계인은 우리의 상상 속에만 있는 존재일 뿐입니다. 언제 그 상상이 현실에서 밝혀지는 날이 올지 참 궁금하네요.

첫 만남

무슨 말을 할까?
어떻게 말을 걸까?

소리로 할까?
문자로 할까?
눈짓으로 할까?
손짓 발짓으로 해 볼까?

에라 모르겠다
얼싸안아나 볼까?

우웅
만나서 반가워

뭐야? 지금 우리와 싸우자는 거야?
화...
화...

...
아니야 그렇게 화내지 마
흔들~
흔들~

으악! 우리를 공격한다!
너무 친절했나?...
슈우웅~
뻘쭘

6

외계인과 인사하기

만약 외계인을 만난다면 어떻게 인사할 수 있을까요. 당연히 우리가 하는 말은 통하지 않겠지요. 그들이 사용하는 말도 우리가 알아듣지 못하기는 마찬가지겠지요. 그렇다면 말이 아니라 어떤 행동으로 의사소통을 하는 것이 더 좋을지 몰라요. 예를 들면 손짓, 발짓을 해 보는 거지요. 우리도 말이 통하지 않는 외국인을 만나면 그런 방법을 사용하니까요.

그런데 외계인을 보고 손을 흔들며 환영의 마음을 표시한다고 합시다. 반갑다는 의미로 손을 흔들면, 그들도 화답의 의미로 손을 흔들어 줄까요? 손을 흔드는 것이 우리는 환영한다는 의미지만 그들도 그것을 환영한다는 의미로 받아들일까요? 혹시 '너, 죽었어!'

태양제국 가는 길에 상상력 좀 키웠습니다

라는 의미로 받아들이진 않을까요?

우리가 외계인을 만난다고 해도 이렇게 아무런 준비 없이 갑자기 맞닥뜨리는 일은 없을 거예요. 먼 미래의 일이기는 하지만 우리가 외계인을 발견하는 과정을 생각해 볼까요? 외계인의 존재를 눈이나 망원경으로 먼저 확인하는 일은 없을 거예요. 너무나 멀리 있을 것이기 때문입니다. 아마도 전파를 주고받는 일이 가장 먼저 일어날 거예요. 그들이 우리처럼 지능을 가진 존재라면 우리가 보낸 전파를 수신할 수는 있을 거예요. 하지만 우리가 보내는 전파의 내용을 파악하는 것은 쉬운 일이 아닐 거예요. 지구인이 사용하는 말을 보내 봐야 그들이 알아들을 수 없을 테니까요. 그러면 어떤 방법이 있을까요?

'파이오니어 우주선에 실어서 보낸 우주 편지'를 보세요. 이것은 1973년 미국 파이오니어 우주선에 실어서 보낸 우주 편지입니다. 이 편지는 금으로 도금을 한 알루미늄판에 새겨져 있어요. 편지에는 사람이 있고, 파이오니어 우주선 모형이 그려져 있어요. 그리고 은하의 중심에서 우리 태양의 위치를 파악할 수 있는 거리가 표시되어 있고, 태양에서 세 번째 행성인 지구에서 왔다는 표시가 있어요. 사람의 실체 크기를 알아볼 수 있도록 파이오니어 우주선의 축소 모형도 그려 놓았어요.

외계인이 이 편지를 본다면 그들이 이 내용을 해석할 수 있을까

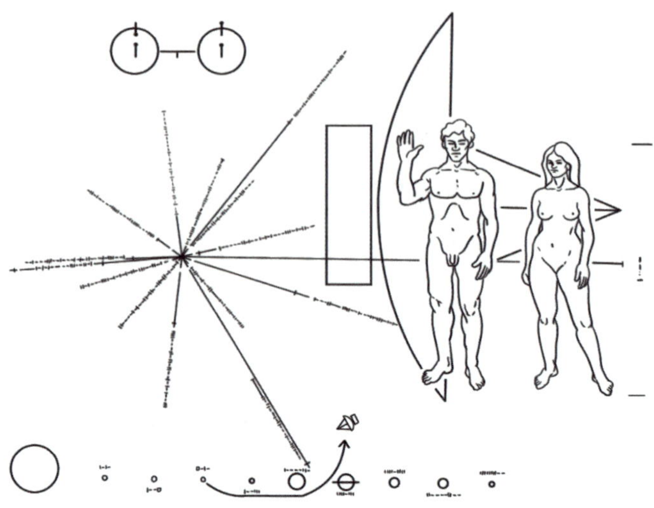

파이오니어 우주선에 실어서 보낸 우주 편지

요? 우선, 사람을 보세요. 우리가 보면 남녀 한 쌍의 인간으로 보입니다. 그런데 그들도 이것을 지구에 살고 있는 인간으로 볼까요? 더구나 서로 사랑을 나누는 남자와 여자로 볼까요? 어쩌면 제일 위에 있는 수소 원자의 모형을 인간으로 생각하고 사람은 장난감으로 생각하진 않을까요? 화살표도 그래요. 우리는 화살표를 보면 이동 방향을 생각해요. 그런데 외계인도 이 화살표를 이동 방향의 표시로 받아들일까요? 방향 표시가 아니라 어떤 생물의 모양으로 보지는 않을까요? 그들은 화살표를 보고 이동 방향을 우리와는 반대 방향으로 이해하지는 않을까요?

이 그림 편지를 보고 그 의미를 파악하는 것이 그렇게 간단한 일

 태양제국 가는 길에 상상력 좀 키웠습니다

은 아니에요. 그래도 이 그림이 영어나 한글로 된 편지보다는 외계인이 알아보기 쉬울지는 몰라요. 외계인과 의사소통을 하기 위해서는 언어나 문자보다는 우주에 보편적으로 존재하는 현상을 매개로 하는 것을 가장 먼저 생각해 볼 수 있어요. 그래서 파이오니어의 우주 편지도 과학적인 사실을 바탕으로 우리의 존재를 알리려고 한 거예요.

그다음 방법으로 생각할 수 있는 것은 수학입니다. 외계인에게도 수학이 있을까요? 저는 있다고 장담해요. 지능이 있는 문명이라면 그들에게도 숫자 개념은 있을 거예요. 하나, 둘, 셋 등 개수를 헤아리지 않고는 문명이 탄생하기는 어렵지 않겠어요? 그러니 당연히 수 개념은 있을 겁니다.

물론 우리처럼 십진법을 사용한다는 보장은 없어요. 우리가 십진법을 사용하는 것은 손가락 발가락이 10개이기 때문입니다. 그들의 손가락이 10개라는 보장은 없잖아요. 그래도 우리가 십진법을 사용한다는 것을 알려 주는 것은 그렇게 어렵지 않아요. 구슬 한 개를 1로 표시하고, 두 개를 2로, 이렇게 숫자와 구슬 개수를 대비해서 보여 주면 그들도 금방 우리의 수 체계를 이해할 거예요. 이런 방법으로 유리수와 무리수, 더 나아가 고등수학으로 서로 소통하는 것은 가능할 겁니다. 더 나아가 수학을 사용하여 양자론이나 상대론을 토론할 수도 있을지 몰라요.

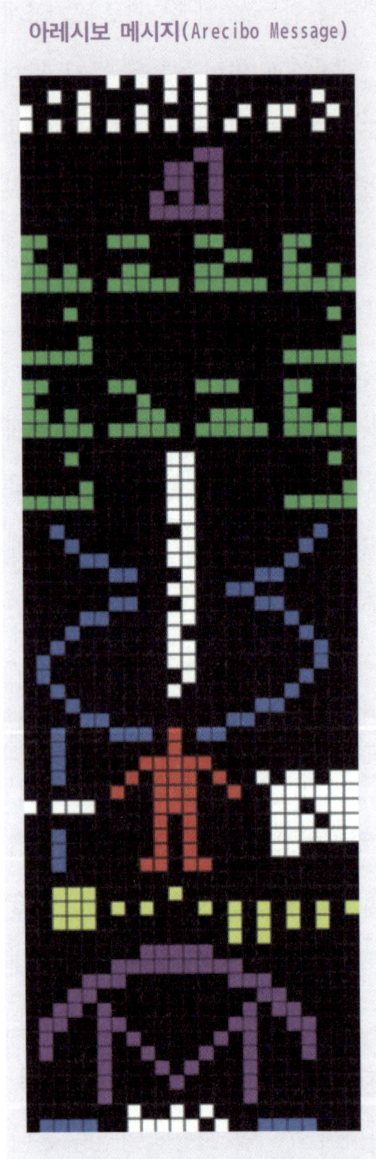

1974년 11월 16일 푸에르토리코에 있는 미국

하지만 우리의 생각과 감정을 전하기는 그렇게 쉽지 않을 거예요. 자연현상은 수학으로 표현할 수 있지만 우리의 감정은 수학으로 표현할 수 없기 때문이에요. 감정을 서로 소통하기 위해서는 같이 생활해 봐야 알 수 있겠죠?

푸에르토리코에 있는 아레시보 전파 천문대(2020년 허리케인으로 철거되었음)에서는 1974년 외계인에게 메시지를 보냈어요. 인간의 십진법, 원자번호와 인간의 DNA 구조를 알리는 메시지예요. 우리보다 뛰어난 존재가 있다면 아마도 이 내용을 해석할 수 있을지도 모르지요. 그러니 외계인과 만나서 대화를 한다는 것은 참으

태양제국 가는 길에 상상력 좀 키웠습니다

로 어려운 일이 아닐 수 없어요. 더구나 의사소통도 되지 않는데 평화로운 만남을 기대하는 것도 어려워요. 그러니 외계인과 만난다는 것은 정말 큰 위험이 아닐 수 없어요. 그들이 우리보다 더

뛰어난 문명을 이루었다면 우리가 위험해질 것이고, 그 반대라면 그들이 위험해질 것이기 때문입니다.

그래도 한 가지 희망은 있어요. 그들이 아주 뛰어난 문명을 이룬 아주 뛰어난 존재라면, 이 우주에 있는 모든 것을 사랑하는 마음이 있지 않을까요? 비록 우리와 말은 통하지 않더라도 서로의 존재를 아끼고 사랑하는 마음이 있다면 평화로운 만남이 이루어질지 누가 알겠어요.

생각해 보세요. 우리가 어떤 행성에 갔는데, 그곳에 우리와는 다른 생명체가 꼬물거리며 살고 있다고 해 봐요. 우리는 어떻게 할까요? 그냥 짓밟아 죽여 버릴까요? 아니면 잘 관찰하여 그 생명체가 어떻게 생겼는지 어떻게 살고 있는지 호기심을 가지고 관찰할까요? 여러분이라면 어떻게 하겠어요? 우리를 찾아오는 외계인도 마찬가지가 아닐까요? 미래에 우리를 찾아올 외계인이 궁금하네요. 그들과의 만남이, 그리고 그들과 나눌 첫 마디가 정말 궁금하네요.

애인

키가 얼마인지
어떻게 생겼는지

어디 있는지
무엇을 하고 있는지

아무것도 모르는
나의 애인

왜 오지 않을까?
혹시 왔다 가지나 않았을까?

오늘도 밤하늘의 별을 보며
오지 않는 나의 애인을 생각한다

길게 뻗어 가는 별똥별을 보며
혹시나 하는 생각에
순간 가슴이 콩닥거린다

지구에
탐험대를 보내려고~
...합...니다
왜 그리
간절을~
헤...
헤...

경비는?
100,000,000,
000,000,000,
000,000,000,
000$£¥₩
시간은?
빠직!
1,000,000,000,
000,000,000,
000,000,000년
찰!
딴 데 가서
알아봐!
휘익!
힝...

7

외계인은
왜 아직도 우리에게 오지 않았을까?

사무엘 베케트의 희곡 『고도를 기다리며』를 아나요. 여기서 고도는 외로운 섬孤島이 아니라 주인공의 이름Godot이에요. 사람들이 고도를 기다리는데 고도는 오지 않아요. 고도가 온다는 소문만 무성한데 고도가 어떤 사람인지, 어떻게 생겼는지 아무도 몰라요. 하지만 사람들은 고도가 온다는 희망을 버리지 않아요. 혹시 이 고도가 바로 우리가 찾는 외계인이 아닐까요?

고도에 대해서 사람들이 아무것도 모르듯이 우리도 외계인에 대해서 아는 것이 아무것도 없어요. 그래도 고도를 기다리듯이 외계인을 기다려요. 고도가 어떻게 생겼는지 아무도 모르듯이 우리도 외계인이 어떻게 생겼는지 아무도 몰라요. 희곡 속에서 사람들이

태양제국 가는 길에 상상력 좀 키웠습니다

고도가 있다고 믿듯이 우리도 외계인이 있다고 믿어요. 고도와 외계인은 참 많이 닮았지요? 작가는 존재하지도 않은 것을 믿고 기다리는 인간의 심리를 이 소설을 통해서 표현하고 싶었던 것은 아닐까요?

인간은 신을 믿고, 사랑을 믿고, 희망을 믿고 자기의 믿음을 믿어요. 그런 믿음이 없다면 인간이 어떻게 살아갈 수 있을까요? 그런 믿음

사무엘 베케트(Samuel B. Beckett, 1906-1989)의 희곡이다. 고도(Godot)는 그 희곡에 나오는 이름이다. 고도라는 사람을 기다리는 내용으로, 별다른 상황도 없이 고도가 온다는 소문만 무성하지만 실제로 오지는 않는다. 이 연극을 미국 캘리포니아의 센퀜튼 교도소의 죄수들에게 보여 주었더니 죄수들이 감동해 기립 박수를 보냈다고 한다.

이 작품에 나오는 주인공 고도는 누구일까? 사람들은 고도(Godot)가 신(God)이라고 생각하기도 한다. 죄수에게는 '자유'로 받아들이기도 한다고 한다. 그리고 이 책을 쓴 나 같은 사람은 '외계인'으로 생각하기도 한다. 모든 사람에게는 기다리는 것이 있지 않을까? 어떤 사람은 합격 통지서를 기다리고, 어떤 사람은 애인을 기다리고, 어떤 사람은 성공을 기다리고, 아이들은 가지고 싶은 장난감을 기다린다. 인간이라면 누구나 무엇을 기다린다. 하지만 그 기다리는 것이 쉽게 오지는 않는다. 작가는 우리 인간의 내면에 있는 이 갈망을 비유적으로 표현한 것이 아닐까?

이 없이 어떻게 인간이 지구에 이렇게 찬란한 문명을 이룰 수 있었을까요? 그래서 우리는 외계인을 믿고 기다리는지 몰라요. 그런데, 정말 외계인이 있다면, 그리고 그중에 우리보다 더 뛰어난 문명을 이룩한 외계인이 있다면 왜 그들은 우리를 찾아오지 않을까요? 물론 그 이유도 우리는 알 수 없어요. 그냥 상상할 뿐이지요. 그러면 그들이 왜 오지 않았는지 상상해 볼까요?

여러 가지 가능성이 있어요. 가장 먼저 생각해 볼 수 있는 것은

외계인이 정말 없기 때문이라는 겁니다. 물론 그럴 가능성이 없는 것은 아닙니다. 하지만 앞서 말했듯이 우리가 알고 있는 우주는 너무나 크고, 그 속에 있는 수천억 개의 은하와 행성을 생각한다면 지구에만 생명이 있을 것이라는 생각은 논리적으로 받아들이기 어려워요.

다음으로 생각해 볼 것은, 외계인이 있지만, 우리보다 더 발달한 문명을 이룩한 외계인이 없는 것은 아닐까요? 이것 또한 그렇게 많고 많은 우주 행성 중에서 우리보다 더 발달한 문명이 없다는 것은 믿기가 어려워요. 이러한 생각은 지구가 우주의 중심이라고 생각하는 것만큼이나 인간 중심적인 생각이에요. 그렇다면 우리보다 뛰어난 문명을 이룩한 외계인이 수없이 많다면 왜 그들은 우리에게 오지 않았을까요?

외계 문명이 존재하고, 우리보다 뛰어난 문명을 이룩한 외계인이 있지만, 그들이 수십억 광년 떨어진 우주 공간을 이동할 수 있는 기술을 습득하지 못하지 않았을까요? 이것은 고려해 볼 만한 생각이에요. 지구의 문명이 대단하다고는 하지만 우리는 이제 겨우 달에나 갈 수 있어요. 화성이나 더 먼 행성에는 무인 우주선이 가기는 했지만, 인간이 가는 것은 아직은 먼 훗날 이야기에요. 태양계 안에 있는 행성에 가는 것도 이렇게 어려운데, 수십 광년 떨어진 별까지 가는 것이 현재 과학 기술로 가능할까요? 빛의 속도로 가도 수십 년인데, 우주선으로 가려면 수천만 년이 더 걸릴 거에요. 그것

태양제국 가는 길에 상상력 좀 키웠습니다

이 어떻게 가능한지 상상이 가지 않아요.

하지만 이 가설도 받아들이기는 어려워요. 생각해 보세요. 지금 우리의 처지에서 생각하면 별과 별을 이동하는 기술을 만드는 것이 불가능해 보이지만 이 우주에 우리보다 월등히 뛰어난 문명을 이룩한 외계인이 있다면 그들은 우리가 상상도 할 수 없는 기술을 가지고 있지 않을까요? 그런 외계인 중에 별과 별 사이를 이동할 수 있는 문명이 정말 하나도 없을까요?

다른 하나의 가능성은 문명의 지속 기간이에요. 별과 별을 이동하는 기술을 개발하는 문명이 탄생하려면 매우 오랜 시간이 걸릴 겁니다. 그런 오랜 기간 한 문명이 망하지 않고 버티는 것도 쉬운 일은 아닐 거예요. 혹시 문명이 외부의 위협이나 내부의 갈등, 또는 우주적 대재앙으로 인해 그렇게 오래 생존하는 것이 불가능한 것은 아닐까요? 알 수 없어요. 답을 모르기에 온갖 상상을 해 보는 거지요.

지구 문명을 보세요. 인류가 지구에 등장한 것은 몇 백만 년 정도 전이고 인류 문명이라고 할 수 있는 것은 만 년도 채 안 돼요. 그리고 지금과 같은 과학 문명이 이루어진 것은 백여 년 정도에 지나지 않아요. 그런데 앞으로 우리 인류가 얼마나 오래 버틸지는 아무도 몰라요. 지구 온난화 문제는 인류의 생존을 위협하고 있고, 공룡을 멸종시킨 것과 같은 큰 운석이나 더 큰 소행성이 언제 지구를 때릴지 알 수 없어요. 더구나 우리 태양계에서 수 광년 떨어진

외계인은 왜 지구에 방문하지 않을까?

곳에서 초신성 폭발이라도 일어나면 지구에는 재앙이에요. 앞으로 만 년, 아니 천 년 안에 그러한 재앙이 오지 않는다고 장담할 수는 없어요. 그렇게 되면 인류도 멸망하게 될 겁니다. 외계 문명도 마찬가지가 아닐까요? 그들에게도 여러 가지 우주적 천재지변이 닥치지 말라는 법은 없어요. 그들이 그런 재앙을 다 물리치기는 참으로 어려울 거예요.

하지만 그 많고 많은 문명 중에서 이러한 우주적 재앙을 견디어 낸 문명이 하나도 없을까요? 만약 그런 재앙을 견디고 수천만 년을 견딘 문명이 있다면 그들은 우주를 여행하는 기술을 만들어 냈을지도 몰라요. 그런 문명이 정말 하나도 없을까요? 아직 그들이 지

태양제국 가는 길에 상상력 좀 키웠습니다

구를 방문하지 않은 이유가 이것일까요?

이렇게 생각해 봐요. 성간 여행을 자유롭게 할 수 있는 우리보다 매우 발달한 문명이 있다고 해요. 그 문명이 근처의 별을 차례로 식민지를 만들어 간다고 해요. 10,000년에 별 2개씩을 식민지로 만들어 간다면 식민지는 박테리아가 번식하듯이 기하급수적으로 늘어갈 거예요. 우리 은하의 별을 천억 개도 정도로 보면, 간단히 계산해서 은하를 전부 식민지로 만드는 데 50만 년도 채 걸리지 않아요. 그렇다면, 우리보다 월등히 앞선 문명이 있다면 그들은 이미 지구에 오고도 남았을 겁니다. 그런데 그들은 왜 아직 오지 않았을까요?

그들이 우리 몰래 이미 다녀갔을 수도 있어요. 그런데 왜 몰래 다녀갔을까요? 우리가 알면 그들에게 무슨 큰일이라도 생긴다는 말인가요? 우리보다 과학기술이 월등히 발달한 그들이 우리를 두려워할 이유가 있을까요? 아니면 그들이 우리를 아끼는 마음에서 우리를 방해하고 싶지 않았기 때문일까요? 그렇게 우리를 사랑한다면 우리 지구가 더 풍요롭고 평화롭게 살 수 있는 기술을 하나 정도 가르쳐 주고 가면 안 되었을까요? 지구 온난화를 막는 기술이나 핵융합 기술 같은 거 하나 가르쳐 주면 얼마나 좋을까요?

아니면 그들이 지구의 생명을 창조해서 기르고 관리하고 있는 것은 아닐까요? 지구에서 생명의 진화 과정이 어떻게 작동하는지 실험하고 있는 것은 아닐까요? 아니면 그들이 우리의 정신 속에 들어와 있는 것은 아닐까요? 우리가 이렇게 생각하는 것은 외계인이 우리의 생각을 조정하고 있기 때문은 아닐까요? 내가 이 글을 쓰는 것도 외계인이 나를 조종하는 것은 아닐까요?

별의별 상상을 다 할 수 있지요. 그것은 외계인에 대해서 우리가 아는 것이 하나도 없기 때문입니다. 상상은 얼마든지 할 수 있으나 그 상상이 과학은 아닙니다. 그래도 상상은 과학의 원동력입니다. 아직도 오지 않은 외계인, 우리는 고도를 기다리듯 그들을 기다리고 있습니다. 어떤 애인을 이보다 애타게 기다릴 수 있을까요?

❸
⋮

태양제국

태양계를 통일한 태양제국.
그 찬란한 탄생과 장엄한 미래를 펼쳐 본다!

마지막 행운

먹으면 더 먹고 싶고
가지면 더 가지고 싶고

끝없는 욕망이

땅을 더럽히고
바다를 더럽히고
내 육체까지 더럽히고 말았다

지구는 자연의 울음소리로 가득하고
절망이 저승사자처럼 다가올 때
바로 이때
내면의 양심이
이 울음소리를 들었다

그것은
마지막 기회였다
마지막 행운이었다

지구는 땅에도 바다에도 오염으로 가득하고, 나라들은 서로 싸우고...
으 몸이 아픈거 같네...
과학 기술의 발달로 오염은 정화되고
아~ 상쾌해~
결국 사랑이 증오를 이겼지
앞으로 서로 싸우지 맙시다.
그럽시다
숙 스윽
지구여 태양제국이여 영원하리~
지구 만세!
태양제국 만세

1

태양제국의 탄생
- 3천 년 뒤의 인류 -

21세기에 접어들면서 지구 문명의 과학과 기술은 엄청난 속도로 발전하기 시작했어요. 하지만 이런 엄청난 발전은 문제도 같이 따라왔어요. 하나는 전쟁, 다른 하나는 환경, 또 다른 하나는 우주로부터의 위협이었어요. 이 문제를 해결하지 않으면 지구 문명은 파멸할 수밖에 없었어요. 지구 문명이 어떻게 이 난국을 극복하고 태양제국을 건설하기까지에 이르게 될지 상상해 볼까요?

21세기를 지나면서 지구 문명은 엄청난 진통을 거듭했어요. 수많은 전쟁이 있었고, 핵전쟁의 위협도 있었으며, 실제로 국소적인 핵전쟁이 일어나기도 했어요. 그런 과정을 거치면서, 이러다가는 모두 파멸로 간다는 깨달음이 생기기 시작했어요. 그리고 어려운

논의 끝에 모든 국가가 핵무기를 폐기하는 협정을 맺었어요. 마침 내 지구 문명이 파멸의 길로 가는 것을 막을 수는 있었어요. 돌이켜 생각해 보면 지구 문명이 여기까지 온 것은 기적 중의 기적이라 해 도 과언이 아니었어요. 물론 그 후에도 전쟁이 없었던 것은 아니었 지만 세계대전으로 발전하는 일은 생기지 않았어요. 이 모든 것은 인간의 내면에 뿌리 깊게 박혀 있는 양심과 서로에 대한 사랑이 있 었기 때문이라고 생각해요.

하지만 이러한 전쟁 위협보다 더 심각한 문제가 있었어요. 바로 환경오염이었어요. 과학과 기술의 급속한 발전으로 인한 오염 물질 배출과 화석연료 사용으로 인해 배출된 온실가스가 만들어 낸 환경 문제는 지구의 생태계를 위협했어요. 토양오염으로 농업이 타격을 입었고, 해양오염으로 바다 생태계가 위험해졌지요. 엎친 데 덮친 격으로 대기오염 문제까지 발생하면서 마침내 인류를 파멸로 몰아 가는 듯했어요. 하지만 천만다행으로 이를 해결할 과학기술이 출현 함으로써 환경 문제를 가까스로 해결할 수 있었어요.

먼저는 오염 물질이 토양과 바다로 유입되는 것을 막는 정화시 설을 만들었고, 다음으로는 화학적인 방법으로 오염 물질을 걸러 내는 기술이 생겨났고, 마지막으로 미생물을 이용하여 오염 물질을 분해하는 기술도 생겨났어요. 만약 과학기술의 발전이 조금만 늦었 어도 인류는 파멸의 길로 갔을지도 모를 일이었어요.

과학기술의 발달은 인류에게는 큰 선물이자 행운이었어요. 그중에서도 22세기에 나타난 핵융합 기술의 발전은 기적 중의 기적이었어요. 핵융합 기술이 나오면서 에너지를 화석 연료에만 의존하지 않아도 되었어요. 화석 연료 대신에 핵융합 에너지를 사용하게 되면서 대기 환경을 획기적으로 개선할 수 있게 되었지요.

그런데 이것으로 환경 문제가 완전히 해결된 것은 아니에요. 남은 문제는 미세플라스틱이었어요. 플라스틱은 인류가 발명한 가장 획기적인 물질이에요. 현대 문명이 탄생하기 전까지 인류가 사용하는 재료는 모두 자연에서 나는 천연자원뿐이었어요. 석기시대에는 흙, 돌, 나무가 재료의 전부였고, 청동기시대와 철기시대를 거치면서 철, 구리, 알루미늄 등 광물자원을 이용하게 되었어요. 이 모든 것들은 자연에서 나는 것들이었어요. 그리고 산업혁명을 지나며 석유를 이용하여 나일론을 비롯한 다양한 석유 화합 물질을 만들게 되었어요. 그중에서도 다양한 플라스틱의 발명은 과학의 혁명이었다고 해도 지나치지 않아요.

플라스틱은 20세기 인류 문명을 완전히 바꾸어 놓았어요. 인류는 플라스틱을 이용하여 가볍고 튼튼한 물건을 매우 쉽게 만들었어요. 더구나 잘 썩지도 않았어요. 가정과 사회에서 사용하는 거의 모든 제품이 플라스틱과 플라스틱 가공제로 만든 것이었어요.

플라스틱이 편리하지만 큰 문제가 있다는 것을 인류는 뒤늦게 알게 되었어요. 플라스틱 제품은 햇빛에 노출되면 미세플라스틱으로 분해되는데, 이 미세플라스틱이 땅속으로, 바다로, 심지어는 우

   태양제국 가는 길에 상상력 좀 키웠습니다

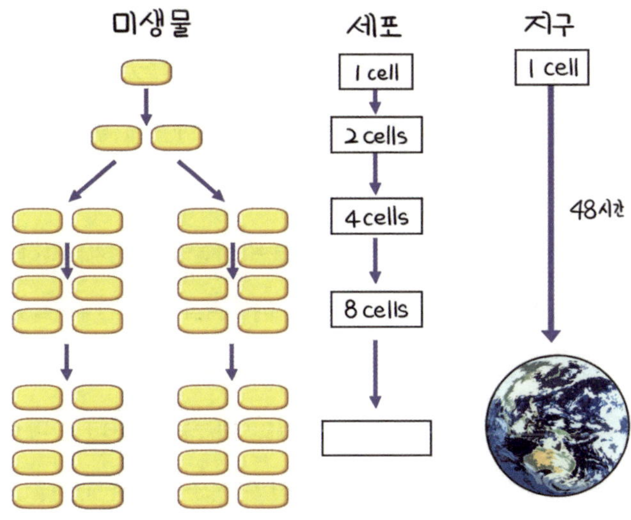

미생물의 번식 속도

리 몸의 세포 속으로도 들어가면서 문제가 되었어요. 바다에 들어간 미세플라스틱은 해양 동물이 먹게 되고, 결국 해양 동물을 섭취하는 사람이 다시 먹게 되었어요. 그렇게 이 지구에는 땅속이나 바다나 심지어는 공기 중에도 미세플라스틱이 가득하게 되었고, 인간의 생명까지 위협하는 지경에 이르렀어요.

인류는 이를 해결하기 위해 해결 방안을 찾았어요. 가장 획기적인 것은 미세플라스틱을 분해하는 미생물을 발견한 것이에요. 이 미생물을 토양에 서식하도록 하여 토양의 미세플라스틱을 정화하기 시작했어요. 성과는 놀라웠어요.

미생물의 번식 속도는 정말 대단했어요. 기하급수라는 말을 들어

보았나요? 하나가 둘이 되고, 둘이 넷이 되고, 넷이 여덟이 되고, 이렇게 두 배씩 증가하는 것을 기하급수적으로 증가한다고 해요. 미생물의 번식은 기하급수적이에요. 미생물이 1초에 두 배씩 불어난다면 몇 시간이 걸리지 않아 지구 전체를 덮어 버릴 수도 있어요. 그러니 인류는 플라스틱을 분해하는 미생물을 활용해 기하급수적으로 빠르게 정화를 이뤄 나갔어요. 다음으로는 이 미생물을 바다에 살 수 있게 만들어 바다에 있는 미세플라스틱도 정화했어요. 기하급수적인 미생물의 번식 속도로 이번에도 넓은 바다를 빠르게 정화했어요. 이렇게 난제 중의 난제였던 미세플라스틱 문제를 해결할 수 있었어요.

이제 마지막 문제가 남아 있었어요. 우주로부터 오는 위험이었어요. 수만 톤이나 되는 소행성의 침입도 한두 번이 아니었어요. 그중에서도 30세기에 일어난 소행성의 침입은 정말 대단했어요. 달보다 작기는 했지만 지구와 충돌했다면 지구는 완전한 재앙이 되었을 거예요. 다행히 충돌은 하지 않고 뉴욕의 맨해튼 상공을 스치듯 지나갔어요. 스쳐 지나가는 위력도 엄청났어요. 그 열기에 도시는 불타고, 지나가는 바람에 높은 빌딩은 다 쓰러져 버렸어요. 이 사건을 계기로 소행성의 접근을 막는 기술을 획기적으로 발전시킬 수 있었어요. 소행성 궤도를 추적하여 위험한 소행성의 궤도를 인위적으로 미리 수정하는 기술을 발전시켰어요. 작은 소행성은 강력한 핵폭탄

 태양제국 가는 길에 상상력 좀 키웠습니다

소행성의 지구 침입

을 터뜨려 파괴해 버리고, 큰 소행성은 속도가 빠른 인공위성을 소행성에 충돌시키거나, 강력한 제트 분사기를 설치하여 소행성의 궤도를 수정하는 방법을 사용했어요. 그리하여 소행성의 위협 정도는 충분히 막을 수 있는 기술을 확보하게 되었어요. 위기는 기회라는 말이 있듯이 위기는 과학기술을 발달시키는 원동력이기도 해요.

그 후에도 어려운 문제가 있었지만, 그때마다 인류는 아슬아슬하게 문제를 해결하고 50세기에 이르러 마침내 인류는 지구 환경 문제만 아니라 외부에서 오는 다른 위협도 어느 정도 막을 수 있는 능력을 갖추게 되었어요. 지구인이 겉으로 보기에는 경쟁을 좋아하고 상대방을 이기기 위해서 수단과 방법을 가리지 않는 것처럼 보이지만 위기 상황에서는 서로 단결하고 협동하여 문제를 해결하는 능력이 있었던 거지요. 앞서 말한 것처럼 인간의 내면에 깊이 숨어 있는 양심과 사랑이 있었기에 가능한 일이었다고 생각해요.

이제 환경 문제도 해결했고, 우주로부터 오는 위협에도 잘 대응할 수 있게 되면서 지구 문명은 태평성대를 누리게 되었어요. 지구 문명은 태양계를 자유자재로 여행하는 시대를 맞이했어요. 하지만 지구에 여러 나라가 갈라져서 서로 경쟁하는 체제로는 태양계라는 거대한 공간을 효율적으로 관리하는 것은 불가능했어요. UN보다 더 크고 강력한 체제가 필요해진 인류는 우여곡절 끝에 마침내 지구의 모든 나라를 통합하는 제국을 건설하기에 이르렀어요. 그 제국의 이름은 '태양제국'이에요. 태양제국! 태양제국의 탄생은 이 우주에 새로운 문명의 시작을 알리는 서막이었어요. 태양제국의 탄생은 우주적 사건이라고 할 수도 있어요. 앞으로 태양계를 벗어나 은하계 전체로 퍼져 나가는 그 첫 시작이었으니까요.

태양제국은 연합국 형태였어요. 기존에 있던 각 국가의 자치를 어느 정도 인정하면서, 각국의 대표로 구성된 중앙기구에서 태양제국

태양제국 연대기

태력 원년:	태양제국 탄생
태력 1만 년:	행성 테라포밍
태력 100만 년:	다이슨 구 완성
태력 1억 년:	은하 식민지 개척
태력 10억 년:	웜홀 여행
태력 100억 년:	다중우주 시대

*태력(太歷): 태양제국의 연호.
서기 5000년을 태력 원년으로 한다.

 태양제국 가는 길에 상상력 좀 키웠습니다

태양제국을 선포하다!

대표를 뽑는 방식이었어요. 태양제국은 21세기의 UN과는 달리 강력한 정치 기관이었어요. 태양제국에 위협이 되는 국가는 무력으로 제압할 수 있는 능력까지 갖추었어요.

서기 5000년, 드디어 태양제국이 탄생하고 이 해를 태양제국 원년으로 선포했어요. 태양제국의 영토는 지구에 국한하지 않고 태양계 전체가 되었어요. 우주 비행 기술이 발달하여 태양계의 여러 곳을 돌아다니는 것은 가능했지만 지구를 제외한 여러 행성은 아직 불모지로 남아 있었지요. 이 행성들을 개발하는 일이 태양제국의 가장 큰 과제가 아닐 수 없었어요.

빨간 유혹

사과,
그래, 그것은 빨간 유혹이었다
아담을 유혹했던

아프로디테보다 더 빨간
유혹

화성,
그래, 그것은 더 빨간 유혹이었다

태양 나무에 열린 탐스러운 열매
아담의 사과보다 더 붉고
클레오파트라의 피보다 더 달콤한
유혹

화성을 따먹은 인간의 입술은
화사* 아가리보다 더 붉고

* 서정주의 시 「화사」에 나오는 말로 '꽃뱀'이라는 뜻

화성 이주자 모집
늙고 병들고 쓰레기로 가득한 지구에서
계속 사실 래요? 아니면 깨끗하고 멋진
신세계에서 새로운 삶을 시작하시겠습니까?
놀라운 세상, 화성이
여러분을 부르고 있습니다.

인간이
화성에서
살 수 있을까?
와우~
화성 이주!
멍멍아~
우리 화성 갈까?
멍!

2

테라포밍
− 1만 년 뒤의 인류 −

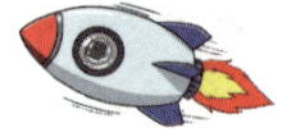

이제 지구 문명에게 이 지구라는 공간은 너무 작았어요. 지구를 벗어나 저 광활한 태양계 전체로 뻗어 나가기 시작했어요. 그렇다면 그 후 인류 문명은 어떻게 변했을까요?

서기 5000년이 되자 지구의 모든 국가를 통합하는 태양제국이 탄생했다고 했지요? 이제 태양제국의 영토는 지구가 아니라 태양계 전체가 되었어요. 지금부터 이 태양제국이 어떻게 이 태양계의 주인이 되었는지 알아볼까요?

태양제국이 탄생하면서부터 인류는 이제 태양계의 진정한 주인이 되었어요. 이 태양제국을 위협할 존재는 이 태양계 안에는 없었어요. 이제 태양제국의 앞날에는 밝은 빛만이 가득하고, 번영할 일

태양제국 가는 길에 상상력 좀 키웠습니다

만 남았어요. 이 거대한 태양제국은 일사불란하게 태양계를 점령해 나가기 시작했어요. 하지만 문명은 발달하면 할수록 더 많은 에너지가 필요해요. 핵융합 기술로 당분간 에너지 문제는 해결할 수 있었지만, 그것만으로 폭발적으로 늘어나는 에너지 수요를 충족시키기는 역부족이었어요. 한 가지 방법은 지구 밖에서 태양광 발전소를 건설하는 것이었어요. 나노 소재 기술로 개발한 가볍고 단단한 물질을 사용하여 지구 궤도에 여러 개의 태양광 발전소를 올리고 여기에서 포집한 에너지를 마이크로파를 통해서 지구로 전송하는 방식으로 에너지 문제는 어느 정도 해소할 수 있었어요. 하지만 과학기술의 발달만으로는 해결할 수 없는 문제도 있었어요.

바로 자원의 문제예요. 문명이 발달하면 할수록 자원은 더 많이 필요해요. 환경 문제는 과학기술로 해결할 수 있지만 아무리 과학기술이 발달해도 한정되어 있는 자원을 만들어 낼 수는 없어요. 처음에는 달에 있는 자원을 사용하기 시작했어요. 하지만 달은 지구보다 아주 작은 천체에 불과해요. 달에 있는 자원만으로 거대해진 태양제국의 욕구를 충족시키기에는 역부족이었어요. 다음 대안은 말할 것도 없이 태양계의 다른 행성들이었어요.

가장 먼저 화성이었어요. 우주여행 기술이 발달하여 달은 이미 내 집처럼 다닐 수 있고 화성에도 수시로 갈 수 있게 되었어요. 화성에 연구소도 만들고, 일부 연구원들이 상주하는 정도까지는 되었지만, 아직 화성은 사람이 살 수 있는 환경은 되지 못했어요. 과거 화성에는 지구처럼 물과 대기가 풍부한 행성이었어요. 하지만 어쩐 일인지 물이 사라지고 대기도 아주 희박하게 조금만 남아 있게 되었어요. 그래도 과거에 지구와 비슷한 화성이었으므로 조금 개량하여 지구인이 살 수 있는 환경으로 바꿀 수 있었어요. 이것을 전문 용어로는 테라포밍Terraforming이라고 해요. 행성을 지구와 같은 환경으로 만드는 일이지요. 지구인은 이 작업을 50세기에 들어서면서 시작했어요.

화성을 테라포밍하는 일은 간단하지 않아요. 우선 화성이 지구와 어떻게 다른지 간단히 살펴볼까요? 화성에도 햇빛이 비치지만 지구보다 약해서 화성의 표면 온도는 평균 영하 80℃예요. 지구보다 태양에서 멀기 때문에 그것은 당연한 일이지요. 크기도 지구보다 작아요. 중력도 지구의 절반도 안 돼요. 그뿐만 아니라, 대기도 매우 희박하여 기압이 지구의 100분의 1도 안 돼요. 그것도 대부분 이산화탄소로 되어 있으니 숨을 쉴 수도 없어요. 이런 화성을 지구처럼 사람이 살 수 있는 행성으로 개조하기 위해서 가장 필요한 것은 물이에요. 그다음은 대기를 만들어서 기온을 지구와 비슷한 수준으로 끌어올려야 해요. 그러고 나서 생태계를 만들어야 하는데 어느 하나 쉬운 일이 아니에요. 더구나 화성에 생태계를 복원하는 것은 난제 중의 난제지요. 토양과 대기가 전혀 다르기 때문에 지구에 있는 식물을 화성에 가져가 키울 수도 없어요.

또 하나 큰 문제는 화성에는 지자기가 거의 없다는 것이에요. 지

테라포밍하고 있는 화성의 모습

자기가 없다는 것은 화성의 내부에 있는 맨틀의 운동이 없거나 아주 약하다는 것을 의미해요. 지자기가 없으면 우주로부터 날아오는 방사선을 막을 수도 없어요. 지구의 자기장은 땅속의 맨틀이 운동하기 때문에 생기는 현상이에요. 화성의 내부에도 맨틀이 있기는 하지만 어떤 이유인지 맨틀의 운동이 없거나 있다고 해도 지자기를 만들 정도로 활발하지 않아요. 그러니 지자기를 만드는 다른 방법을 찾아야 해요. 이 모든 일을 21세기 인류가 하는 것은 불가능에 가까워요. 하지만 21세기에서 10,000년이나 지난 태양제국의 과학기술은 정말 상상도 할 수 없을 정도로 발전했기 때문에 화성을 테라포밍하는 작업이 가능했어요.

이제 어떻게 화성을 테라포밍했는지 그 과정을 간단하게 설명해 볼게요.

물 만들기

먼저 물을 만드는 일이에요. 화성의 극지방에는 액체 상태의 이 산화탄소와 얼음 형태의 약간의 물과 지층 속에 더 많은 물이 있어요. 이 물을 지상으로 끌어올리는 방법도 있지만, 그보다는 외부에서 가져오는 일이 더 손쉬운 일이었어요. 외부에서 가져오기 위해 이들은 소행성과 혜성(꼬리별)을 이용했어요. 소행성과 혜성 중에서 물을 많이 가지고 있는 것을 찾아 궤도를 수정하여 화성과 천천히 충돌하게 했어요. 최대한 천천히 충돌하도록 한다고 해도 그 충격은 엄청날 수밖에 없어요. 그로 인해 화성 일대에 난리가 났지요. 하지만 그 당시 화성에는 생명체가 없었기 때문에 큰 문제는 아니었어요.

충돌 충격으로 화성의 지각이 요동치고, 먼지가 화성을 뒤덮었지만 점차 안정이 되면서 결국 엄청난 물을 얻게 되었어요. 더불어 화성의 질량도 약간 증가했어요. 이것은 지구보다 약한 화성의 중력을 약간 올리는 효과도 있었어요. 물론 혜성 한 개로는 충분하지 않아 혜성 수십 개를 화성으로 가져와서 물을 얻었어요. 물론 간단한 작업은 아니지요. 이 또한 수백 년이 걸렸어요. 이렇게 해서 화성에

 태양제국 가는 길에 상상력 좀 키웠습니다

는 상당한 양의 물이 생기고 지구의 바다만큼은 아니지만 바다와 호수가 만들어졌어요.

대기 만들기

다음은 대기에요. 생명체는 물이 있어야 하고, 호흡할 대기 또한 필수적이에요. 대기는 호흡을 위해서만 필요한 것이 아니라 우주로부터 날아오는 온갖 운석들로부터 지표면의 생명체를 보호하는 역할도 해요. 밤하늘에 길게 뻗어 가다가 사라지는 별똥별을 본 적이 있나요? 별똥별은 운석이 공기와의 마찰로 인해 타서 없어지는 현상이에요. 만약 공기가 없다면 지표면에 그대로 충돌하고 말았을 거예요.

이 밖에도 대기는 기온을 일정하게 유지하도록 하는 매우 중요한 역할도 해요. 기온을 유지하기 위해서는 온실효과를 만드는 기체가 절대적으로 필요해요. 그것이 바로 이산화탄소에요. 뭐? 이산화탄소라고요? 21세기 지구에서 그것 때문에 얼마나 골치를 썩이었는데 그 이산화탄소가 필요하다고요? 맞아요. 21세기 지구에서는 이산화탄소가 골칫거리였지요. 하지만 그것은 이산화탄소가 너무 많아서 그랬던 것이지 이산화탄소도 꼭 필요한 물질이에요. 생각해 보세요. 식물은 광합성이라는 햇빛의 작용으로 물과 이산화탄소를 결합하여 다양한 영양분을 만들고 산소를 부산물로 배출해요.

이산화탄소가 없으면 식물은 살 수가 없어요. 그리고 이산화탄소는 지구 온난화의 주범이기도 하지만, 기온이 낮은 화성에서는 기온을 높이기 위해 이신화탄소가 필요했어요.

물론 이산화탄소만 온실효과를 만들어 내는 것은 아니에요. 메탄도 있는데, 이건 이산화탄소보다 더 온실효과를 잘 일으키는 물질이에요. 그런데 문제는 이런 메탄이나 이산화탄소를 어디에서 가져오느냐 하는 거였어요. 지구의 골칫거리인 이산화탄소를 화성으로 가져가면 안 되느냐고 생각할 수도 있지만, 지구의 이산화탄소를 화성으로 가져가는 과정도 문제지만 지구에도 이산화탄소는 꼭 있어야 하니 무조건 보낼 수도 없었어요.

정답은 우주에 있었어요. 태양계에는 메탄이나 이산화탄소가 풍부한 혜성이나 소행성이 많아요. 우리가 잘 아는 금성의 대기는 거의 이산화탄소로 되어 있어요. 하지만 문제는 이것을 화성으로 가져가는 방법이지요. 아마도 화성과 금성 간에 긴 관을 설치하여 빨아들이는 방법을 생각해 볼 수 있겠지만 금성에서 화성까지 거리를 생각하면 그런 방법은 실행에 옮길 수 있는 방법은 아니에요.

고민 끝에 과학자들은 더 쉬운 방법을 찾아냈어요. 그것은 바로 화성의 극지방에 있는 얼음 형태로 존재하는 이산화탄소를 녹이는 것이에요. 얼음 상태로 있던 이산화탄소 일부는 혜성 충돌로 녹아서 대기에 공급되기는 했지만, 아직 대부분 이산화탄소는 극지방에 그대로 있었어요. 이 극지방의 이산화탄소를 녹이기 위해서 수소폭

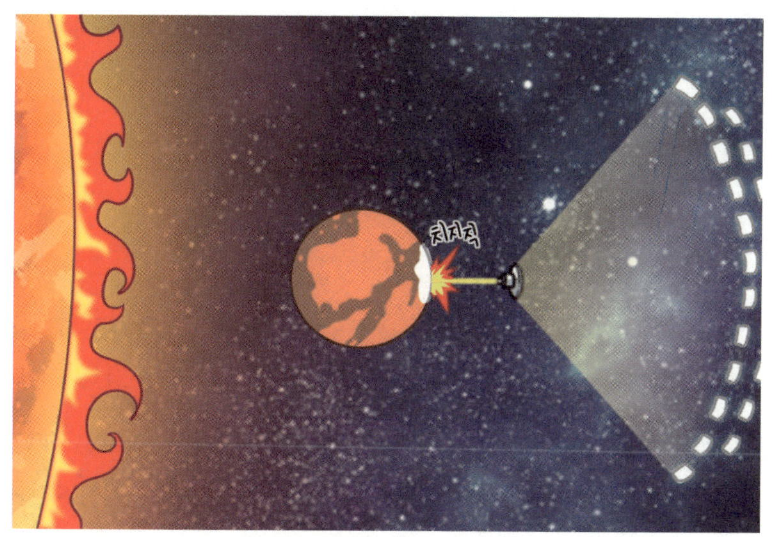

화성 궤도에 큰 거울을 설치하다

탄을 투하하는 방법도 제안되기는 했지만 더 쉬운 방법을 찾아 냈어요. 화성의 궤도에 큰 거울을 설치하는 것이었어요. 아주 가볍고 강철보다 단단한 그래핀Graphene이나 탄소 나노튜브Carbon Nanotube 같은 물질을 화성 궤도에 올려서 펼치는 방법이에요. 이 방법으로 햇빛을 화성의 극지방으로 보내서 그곳에 있는 얼음 상태로 있는 물과 이산화탄소를 녹이는 것이지요. 그런 방법으로 화성의 대기에 이산화탄소를 공급할 수 있어요.

이 방법은 두 가지 장점이 있는데 하나는 햇빛으로 화성을 직접 데운다는 것과 화성의 대기에 이산화탄소를 공급하여 온실효과를 만들어 낸다는 것이지요. 이 방법을 100여 년 시행하여 화성의 온도를 영상으로 끌어 올릴 수 있었어요. 또한, 메탄이나 이산화탄소가 풍부한 혜성이나 소행성의 궤도를 수정하여 천천히 화성에 충돌하도록 하는 방법으로 온실가스를 얻기도 했어요.

식물 생태계 만들기

이제 화성은 물과 대기가 존재하는 행성이 되었어요. 그래도 아직 대기에는 산소가 절대적으로 부족한 상태였어요. 산소는 어떻게 만들 수 있을까요? 바로 식물이 만들어 낼 수 있어요. 식물은 광합성을 하는 생명체예요. 햇빛 에너지를 이용하여 물과 이산화탄소를 영양분으로 만들어 내는 과정인 광합성의 부산물로 산소가 나와요. 숲속에 가면 느끼는 상쾌함도 숲이 산소를 만들어 내기 때문이에요.

그래서 그다음으로 실행한 것이 화성에 식물 생태계를 만드는 일이에요. 지구의 식물을 그냥 옮겨 심는다고 될 일은 아니었어요. 화성의 토양과 대기가 지구와는 달라 유전자 공학을 이용하여 화성에서 자랄 수 있는 식물을 만들어 내야 했어요. 발달한 기술로 태양제국은 먼저 이끼류를 만들었어요. 이끼류는 번식력이 강할 뿐만 아니라 화성의 표면을 덮기에도 좋아요. 엄청난 속도로 불어난 이끼의 개체 수로 인해서 대량으로 광합성을 하는 것이 가능해졌어요. 이 광합성으로 대기에는 점차 산소가 보충되었어요. 이끼류가 번성하여 화성의 대기와 토양이 어느 정도 개선된 후에는 좀 더 큰 식물을 재배하기 시작했어요. 이것도 유전자 공학 기술을 사용하여 화성에 살기 적합한 풀과 나무를 개발하여 씨를 뿌리고 번식하도록 했어요. 이제 화성은 물과 대기, 그리고 식물이 사는 행성이 되었어요.

이렇게 되기까지 아직 설명하지 않은 매우 중요한 작업이 진행되었어요. 화성에 물과 대기를 만들기는 했지만, 화성에는 지자기가 없다고 앞서 말했죠? 지자기가 없으면 태양으로부터 오는 바람(태양풍)을 막지 못해요. 태양풍은 화성의 대기를 우주로 불어 보내요. 어렵게 만든 대기를 이렇게 잃어버려서야 되겠어요? 더구나 지자기가 없으면 우주로부터 날아오는 온갖 위험한 입자들을 막을 수가 없어요. 이런 입자들은 이제 막 살기 시작한 연약한 식물들의 세포를 파괴해 버려요. 마치 자외선이 세균을 죽여 버리는 것과 같은 이치예요.

이제 태양제국이 어떻게 지자기를 만들었는지 알아볼게요. 여러분은 전선에 전류가 흐르면 주위에 자기장이 생긴다는 것을 알고 있나요? 태양제국은 이 방법을 사용하여 화성 주위에 자기

구리와 같은 금속을 전도체라고 한다. 모든 전도체는 전기 저항을 가진다. 그중 전기저항이 전혀 없는 물질을 초전도체라고 한다.
온도를 절대온도 0°에 가깝게 낮추면 보통물질도 초전도체가 된다. 하지만 물질의 온도를 그렇게 낮추는 것은 매우 어려운 일이다. 그래서 과학자들은 보통 온도에서 초전도가 되는 물질(상온 초전도체)을 만들려고 노력하고 하고 있다. 아직까지 현대 인류는 그런 물질을 만들지 못했지만, 머지않아 만들게 될 것이다.

화성에 만들어진 인공 자기장

장을 만들었어요. 탄소 나노 기술의 발달로, 매우 가벼우면서도 강철보다 강하고 거기에 전류도 잘 통하는 나노 물질을 만들 수 있었어요. 소위 말하는 초전도 나노 탄소 물질이에요. 이 초전도 전선을 화성 주위에 우주 궤도에 설치해 지자기를 만들어 내는 거예요. 이렇게 화성 상공의 일정한 궤도에 초전도 띠를 설치하여 전류를 흐르게 하여 화성에도 지구처럼 지자기를 만들었어요. 이제 우주로부터 날아오는 위험한 소립자들은 화성의 극지방으로 가게 되고, 화성 표면에 있는 생명체는 비교적 안전하게 되었어요. 그리고 화성의 극지방에서도 지구처럼 오로라를 볼 수 있게 되었어요.

   태양제국 가는 길에 상상력 좀 키웠습니다

주거 환경 만들기

물과 공기, 식물과 지자기까지 해결이 되었으니, 이제 남은 건 인간이 살 수 있는 주거 환경을 만드는 일이에요. 가장 먼저 할 일은 화성의 지하자원을 확보하는 것이지요. 먼저 광산을 개발하여 필요한 재료를 채굴하는 것이에요. 시멘트, 철, 구리, 아연 등 여러 가지 물질을 확보해야 건설도 하고, 장비도 만들고, 물건도 만들고 하지 않겠어요? 태양제국은 지하자원 채굴을 통해 확보한 물질로 도시도 건설하고, 도로도 건설하고, 공장도 건설하여 인간이 이주할 수 있는 환경을 만들었어요.

화성을 테라포밍했을 때 이야기했던 것처럼 이 모든 과정을 인간이 직접 했다고 생각하면 오산이에요. 인간은 혹독한 우주 환경에서 우주복 없이는 아무것도 할 수 없어요. 더군다나 만약 인간이 노동자로 간다면 복잡한 문제가 한두 가지가 아니에요. 식료품도 공급해야 하고, 식당도 지어야 하고, 요리사도 가야 하고, 게다가 하루이틀도 아닌데 가족은 어떻게 해요. 인간이 직접 한다는 것은 이렇게 여러 가지 골치 아픈 문제가 따라요. 그래서 태양제국은 로봇을 선택했어요.

이미 지구에는 로봇기술의 발달로 인간보다 더 일을 잘하는 인공지능 로봇이 차고 넘쳤어요. 더군다나 로봇에게 목표만 설정해 주면, 다양한 환경에서 가장 적합한 방법을 스스로 찾아내 일하는 것도 가능했어요. 로봇은 음식도 필요 없고, 가족도 필요 없어요. 공기가 없는 곳에서도, 춥거나 더운 혹독한 환경에서도 얼마든지 일을 할 수 있어요. 심지어 불평도 없어요. 로봇기술의 발달로 화성에 보내진 로봇들은 사람이 자손을 퍼트리듯이 자기 복제도 가능해요. 처음에는 로봇 몇 기를 보내서 이들이 자기와 같은 로봇을 만들게 했지요. 이런 방법으로 엄청난 로봇 일꾼을 만들어 화성을 개발했어요.

지구인과 화성 이주민

이렇게 지구와 닮은 화성이 탄생했어요. 이제 인간이 거주할 수 있는 도시와 도로망도 갖추어졌어요. 수천 년에 걸친 인류 역사상 최초의 천체 테라포밍이 성공했어요. 남은 건 화성에 인간이 이주하는 일만 남았어요.

하지만 화성을 테라포밍해 지구와 거의 비슷하게 만들기는 했어도 완전히 같은 것은 아니에요. 토양과 대기, 식물 모두 지구의 것과는 달랐어요. 세균과 박테리아 등도 남은 과제였어요. 지구인이 현 상태 그대로 화성에 간다면 어떤 병균에 감염되어 죽을지도 알 수 없었어요. 그래서 지구인의 면역 체계를 화성에 적합하도록 유전자 조작을 해야 했어요. 말하자면 화성 환경에 살기 적합한 인간 개조라고 하겠지요. 이렇게 화성에 살기에 적합한 유전자 조작된 인간이 화성에 거주하게 되었어요.

유전자 조작을 했다고 해도, 면역 체계를 바꾸는 정도이지 신체와 정신 활동은 지구인과 거의 같았어요. 지구인과 같이 살고 사랑하고 결혼하여 자손을 낳는 것까지 가능했어요. 하지만 지구에서도 인종과 국가 간의 갈등이 있듯이 아무래도 지구인과 화성인의 차이는 어쩔 수 없는 것이었어요. 이것은 장차 화성 문명과 지구 문명 사이에 갈등의 씨앗이었어요.

이들의 갈등을 짧게 요약해 볼게요. 처음에는 지구인이 화성을 통제했어요. 사회제도를 만들고 화성 자원을 채취하여 지구로 가져가곤 하였지요. 이렇게 세월이 지나다 보니 화성인들의 불만이 쌓여 갔어요. 화성의 자원을 지구인이 착취하는 것을 견디다 못한 화성인 사회가 술렁이기 시작했어요. 화성에서 지구로 가는 자원에 대해서 통제해야 한다는 여론이 일어났고, 이어 실제로 통제에 들어갔어요. 지구와 화성 간의 갈등이 폭발한 거예요.

이에 지구도 가만히 있지는 않았어요. 지구인들이 어렵게 테라포밍해서 만든 화성이니 당연히 자원을 가져올 권한이 있다고 주장했죠. 결국 둘 사이 전쟁이 일어났어요. 전쟁터는 당연히 화성이었지요. 하지만 전쟁은 화성인의 승리로 끝이 났어요. 왜냐하면 지구와 화성 간의 거리가 너무 멀어서 전쟁 물자를 운반하는 데에 시간과 경비가 많이 들었을 뿐만 아니라 화성의 문명 수준도 지구에 못지 않을 정도로 발달해 있었기 때문이에요.

이런 갈등의 과정을 거쳐서 지구와 화성은 서로 협정을 맺어 서로 평화롭게 무역과 왕래를 약속했어요. 점차 시간이 지나며 지구인들 중에는 화성에 살기를 원하는 사람이 더 많아졌어요. 더구나 장구한 미래를 생각한다면 당연히 지구보다는 화성에 투자하는 것이 더 유리할 테니까 말이에요.

더 많은 행성으로

이렇게 화성의 테라포밍이 이루어지고 나서 인류는 태양계 전체로 퍼져 나가기 시작했어요. 화성뿐만 아니라, 수성, 금성, 물론 목성과 토성에 있는 위성들까지 테라포밍했어요. 화성을 테라포밍하는 것이 어려웠지 다른 행성의 테라포밍은 비교적 순조롭게 진행되었어요. 어떤 행성은 표면에 주거지를 건설하고, 어떤 행성은 지하에 건설하고, 어떤 행성은 공중에 주거지를 건설하기도 했어요.

금성을 지구화하는 것은 그렇게 어렵지 않았어요. 금성은 이산화탄소가 풍부한 행성이에요. 문제는 이산화탄소가 너무 많다는 것이지요. 이 이산화탄소의 농도를 낮추기 위한 다양한 화학적, 생물학적 기술을 동원하여 금성을 테라포밍했어요.

수성은 크기도 작고 태양에서 너무 가까워 대기가 없지만, 태양에서 가깝다는 것은 태양의 에너지가 많이 도달한다는 것을 의미해요. 더 다양하게 태양에너지 이용할 수 있는 방법만 있다면 에너지

토성 관광 명소

가 풍부한 수성은 아주아주 살기 좋은 행성이죠. 강한 햇빛이 있어도 숲속이 시원한 이유는 태양에너지를 나무가 사용하여 광합성을 하기 때문이에요. 마찬가지로 뜨거운 수성에서도 태양에너지를 다른 것으로 전환하기만 한다면 시원한 행성으로 만들 수 있어요. 식물이 그 역할을 할 수도 있고, 공장이 그 역할을 할 수도 있어요.

목성과 토성, 그리고 해왕성은 가스 행성이라 사람을 이주시키지는 않았어요. 아주 불가능한 것은 아니었지만, 그보다는 가스 행성에 있는 풍부한 수소와 헬륨을 자원으로 활용하는 것이 더 유익하였기 때문이었어요. 다만 아름다운 띠를 가지고 있는 토성은 관광지로 개발되어 많은 관광객이 찾는 명소가 되었어요. 토성 주위에는 호텔 위성이 수없이 생겨서 태양계에서는 가장 선망하는 관광 명소가 되었어요. 아, 태양제국 시대의 관광은 21세기처럼 아름다운 경치를 보는 그런 관광이 아니에요. 예를 들면, 작은 우주선을 타고 혼자서 토성의 띠 사이를 거닐어 보기도 하고, 띠 사이를 요리조리 빠져나가면서 누가 더 빨리, 누가 더 잘하나 내기도 하고, 강한 중력장과 자기장 속에서 여러 가지 기구로 놀이하는 관광이었어요.

태양계 전체의 행성을 테라포밍하며 점차 지구는 태양계의 고대 유적지가 되었어요. 역사적인 가치는 높지만, 실제 제국의 중심이 되지는 못하고 점차 변방으로 밀려났어요.

그런데 이제 인류가 이것으로 만족하며 살았을까요? 기원전 3세기에 대제국을 건설한 알렉산드로스 대왕의 일화를 아시나요? 여러 나라를 차례로 정복하는 과정에서 알렉산드로스 대왕에게 한 신하가 물었다고 해요. "대왕님, 다음은 어디를 정복하실 겁니까?" 대왕은 친절하게 신하에게 점령할 지역을 알려 주었어요. 대답을 들은 신하는 다시 그 다음에 정복할 지역이 어디인지 물었어요. 대왕은 또 그 다음에 점령할 지역을 알려 주었어요. 이러한 질문이 반복되자 대왕은 "그 다음은 쉬어야지!"라고 말했다고 해요. 그러자 신하가 다시 말하기를 "대왕님, 그럼 그렇게 고생하여 점령하지 않고 지금 바로 편히 쉴 수 있지 않습니까?"라고 다시 물었대요.

  태양제국 가는 길에 상상력 좀 키웠습니다

　인류의 우주 정복에 대한 욕구는 알렉산드로스 대왕보다 더 대단합니다. 알렉산드로스 대왕은 쉴 생각이라도 했지만, 인류는 쉴 생각이 전혀 없었어요. 알렉산드로스 대왕이 점령하려고 했던 영토도 넓었지만 그것은 지구의 작은 부분에 불과했어요. 하지만 태양제국이 점령해야 할 영토는 태양계를 넘어 별로, 은하로 끝도 없어요. 우주에 비하면 지구는 작은 먼지 한 알에 불과하지요. 그러니 태양제국이 어떻게 정복하는 일을 멈추고 쉴 수 있겠어요. 인류는 태양계에 만족하지 못하고 더 넓은 우주를 향했어요.

다이슨 구

태양을 가두고
에너지를 담아 내는
거대한 구

빛조차
가던 길을 멈추고
머뭇거리는 곳

태양을 담은 그릇이여
그대 속에 있는 것은

꿈인가?
희망인가?
권력인가?
욕망인가?

다이슨 구여,
그대가 가진 무한한 힘은
우리는 어디로 데리고 갈 것인가?

왜, 나는
그대가
자꾸만 불안하고
두려워질까?

아까운 태양 에너지가 새고 있잖아!
팡!
파앗!
파앗~
푸아앗~
푸앗~

막아야해 막아야 한단 말아야!
파앗!
대통령
탁!

우웅~
우우웅~

우리는 이제 태양을 가졌어!
두둥~

3

다이슨 구
– 100만 년 뒤의 인류 –

이제 100만 년 뒤의 이야기를 해 볼까요?

그때쯤이면 태양계 행성의 테라포밍을 거의 다 마치지 않았을까요? 100만 년 후라면 과학기술은 상상도 할 수 없을 만큼 발전했겠지요? 하지만 아무리 과학기술이 발전해도 에너지 문제는 언제나 따라다닐 수밖에 없어요. 태양계 여기저기에 흩어져 살게 된 인류는 이 에너지 문제를 어떻게 해결할 수 있었을까요?

100만 년 뒤 우리 후손들이 하고 있을 놀라운 일을 상상해 볼까요?

태양계의 행성을 테라포밍한 인류는 이제 지구라는 거주지에서 태양계 전체로 퍼져 나가게 되었어요. 이에 따라 태양제국의 조직

태양제국 가는 길에 상상력 좀 키웠습니다

도 달라지게 되었어요. 태양제국 초기에는 지구의 각 국가에서 파견한 대표들로 구성된 중앙기구에서 모든 의사결정을 했지만, 이제는 각 행성이라는 국가처럼 독립된 조직인 행성국들이 생겼어요. 당연히 태양제국의 중앙의사결정 기구도 이 행성국의 대표들로 구성이 되었어요. 태양제국의 중앙정부의 역할도 달라졌어요. 각 행성에서 일어나는 문제는 행성국에서 자치적으로 결정하고, 행성 간의 문제는 태양제국 중앙정부에서 결정하게 되었어요.

행성 간의 분쟁은 주로 행성 간 무역에서 발생했지만, 더 심각한 문제는 아직 미개척 행성이나 위성에 있는 자원의 채굴권에 관한 것이었어요. 이 문제는 어느 행성도 쉽게 양보할 수 있는 것이 아니었어요. 중앙정부가 통제한다고 하지만 완전히 통제하는 것은 쉬운 일이 아니었어요. 하마터면 큰 전쟁이 일어날 위기를 맞이한 것도 한두 번이 아니었어요.

하지만 각 행성은 고도로 발달한 문명끼리의 전쟁이 얼마나 위험한지 너무나 잘 알기 때문에 태양제국의 중재를 받아들여 평화를 유지할 수 있었어요. 이러한 갈등이 많아지자 태양제국은 매우 강력한 행성 간의 무역법, 미개척 행성과 위성의 자원 관리법을 만들어 갈등을 효과적으로 해결했어요.

인류가 태양계를 점유해 나가면서 마침내 이렇게 거대한 제국을 만들기까지는 수백만 년이 걸렸어요. 하지만 인간의 욕구는 끝이 없었어요. 만들어진 문명은 더욱 많은 에너지를 필요로 했거든요. 태양광을 다양한 방법으로 이용하고 있었지만, 그래도 행성들은 자기의 행성으로 오는 태양광의 에너지만을 이용하고 있었어요. 이것을 우주 용어로는 1단계 우주 문명이라고 해요. 인류는 이제 겨우 1단계 우주 문명에 돌입하게 되었어요. 1단계 문명에 이르는 것도 쉬운 일은 아니었어요. 21세기 지구 문명은 태양에서 지구로 오는 에너지의 10,000분의 1 정도밖에 사용할 수 없었어요. 그것도 모두 태양 에너지가 아니라 화석에너지인 석탄이나 석유를 포함한 양이에요. 만약 21세기 지구 문명이 화석에너지에 의존하지 않고 지구로 오는 태양에너지를 다 사용할 수만 있었어도 지구 온난화로 인한 환경 문제는 발생하지 않았을 거예요.

이제 태양제국은 각 행성으로 가는 태양에너지를 모두 사용하는 1단계 문명에 도달하기는 했지만, 태양제국의 문명은 더 거대해졌으며, 더 많은 에너지를 필요로 하였어요. 마침내 태양제국은 태양에서 나오는 에너지를 전부 사용해야 할 지경이었죠. 어떻게 해야 태양에서 나오는 에너지를 모두 사용할 수 있을까요?

21세기 지구의 물리학자 프리먼 다이슨이 최초로 이런 아이디어를 제안했어요. 다이슨 구라고 들어본 적이 있나요? 우선은 태양 궤도에 태양광 발전 인공위성을 설치하는 것이었어요. 그리고 이 인공 태양광 발전 위성을 점점 늘려 마지막에는 태양을 완전히 둘러싸는 거예요. 그런데 생각해 보세요. 무엇으로 태양을 둘러쌀 수

    태양제국 가는 길에 상상력 좀 키웠습니다

있을까요? 만약 태양계의 행성들 궤도 바깥에서 둘러싼다고 가정할 때 다이슨 구의 면적은 얼마나 넓어야 할까요? 그 규모는 태양계의 모든 행성을 다 뜯어서 얇게 편다고 해도 불가능한 일이에요. 그래서 가능한 방법은 태양계의 외곽이 아니라 태양과 최대한 가까운 궤도에 다이슨 구를 만들어야 했어요. 수성의 궤도보다 더 태양에 가까운 거리에 말이에요. 그렇다고 해도 엄청난 양의 물질이 필요한 것은 사실이에요.

태양제국은 나노 소재의 발달로 매우 얇고 단단한 초전도 박막 기술을 활용하여 최대한 적은 양의 물질로 다이슨 구를 만들었어요. 적은 양이라고 하지만 지구의 부피만큼이나 많은 양의 물질이 필요했다는 것을 밝혀 두어야 하겠군요. 태양제국은 얇은 초전도 박막을 태양 근처 궤도에 올려 다이슨 구를 완성했어요. 태양을 완전히 둘러쌌지요. 이제 지구를 포함한 모든 행성이 태양을 볼 수 없게 되었어요.

그렇지만 다이슨 구가 흡수한 엄청난 태양에너지를 사용하여 전에는 생각하지도 못했던 일들을 할 수 있게 되었어요. 그 에너지로 각 행성은 불도 밝히고, 공장도 돌리고, 냉난방도 하고

에너지와 문명

21세기 지구에서 사용하는 에너지
2×10^{13}W

태양에서 지구로 오는 에너지
2×10^{17}W
(1단계 우주 문명)

태양에서 나오는 에너지
4×10^{26}W
(2단계 우주 문명)

얼마든지 할 수 있게 되었어요. 어떤 행성은 이 에너지로 자기 행성 주위에 달 정도 크기의 인공태양을 만들어 인공 밤과 낮을 만들기도 했어요.

다이슨 구를 만들면서 태양제국의 에너지 문제는 완전히 해소되었어요. 하지만 다이슨 구로 얻은 에너지를 각 행성에 어떻게 배분하는 것은 큰 문제가 아닐 수 없었어요. 당연히 각 행성은 자기 행성으로 더 많은 에너지를 가져가려고 했어요. 각 행성들 사이에 갈등을 일으키지 않도록 에너지 배분을 잘하는 일이 태양제국의 가장 중요한 일이 되었어요.

이제 태양제국의 가장 큰 기구는 말할 것도 없이 에너지국이었어요. 다이슨 구의 운영을 에너지국이 총괄했어요. 각 행성의 외교부는 에너지국과의 협상에 온 힘을 다했어요. 에너지를 얼마

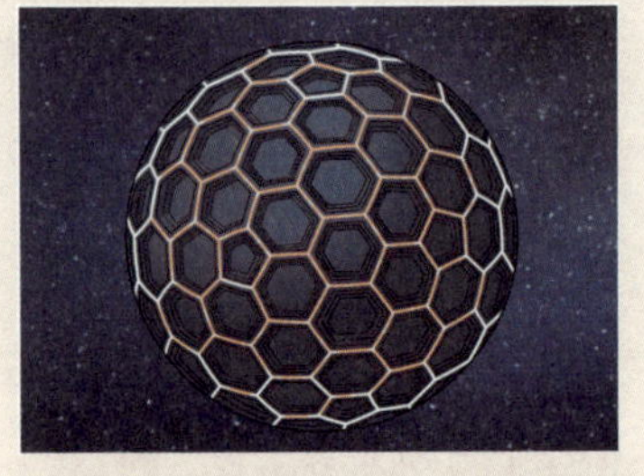

다이슨 구

영국에서 태어난 미국의 물리학자 프리먼 다이슨(Freeman John Dyson, 1923-2020)이 제안한 것으로, 별을 호두 껍질 모양으로 완전히 둘러싼 인공 구조물을 말한다.
다이슨은, 우주에 매우 발달한 문명이 있다면 엄청난 에너지를 사용해야 할 것이고, 그렇게 되면 별(그들의 태양)에서 나오는 에너지를 전부 사용하는 문명도 있을 것이라고 생각했다. 별에서 나오는 에너지를 전부 사용하려면 별을 완전히 둘러싸야 한다. 바깥 우주에서 보면 그 별은 보이지 않을 것이다. 하지만 가시광선이 아닌 적외선을 방출할 수밖에 없다.
우주의 어디에 별은 보이지 않는데 적외선을 방출하는 지역이 있다면 그것은 매우 발달한 문명이 존재하는 증거가 되는 것이다. 하지만 일부 다이슨 구로 추정되는 천체를 발견했다고 주장하는 사람도 있지만, 아직 정말 다이슨 구라고 믿을 만한 증거는 찾지 못했다.

태양제국 가는 길에 상상력 좀 키웠습니다

은하와 태양계의 모습

나 확보하느냐가 그 행성 문명의 규모를 결정하는 것이었으니까요. 치열해지는 경쟁으로 인해 결국 태양제국은 엄격하고 합리적인 규정을 세웠어요. 다이슨 구 제작에 기여한 정도와 각 행성의 인구와 에너지 수요, 그리고 다이슨 구의 운영 분담금 지원 등에 따라서 에너지를 얼마나 줄지 결정하기로 했어요. 하지만 이 또한 행성의 인구와 문명 활동이 천차만별이고 자주 바뀌기 때문에 에너지 배분은 언제나 간단한 일이 아니었어요.

또 다른 문제는 다이슨 구에서 각 행성으로 에너지를 보내는 방법이었어요. 에너지를 이송하는 데는 무선과 유선 두 가지 방법이 있고, 어떤 방법이든지 보내는 과정에서 유실되는 에너지도 있고, 거리에 따라 보내는 경비가 달랐어요.

수성이나 금성 같은 행성은 가까웠고, 천왕성이나 명왕성 같은 행성은 거리가 매우 멀었어요. 멀수록 에너지를 이송하는 데 비용이 증가할 수밖에 없었어요. 그만큼 행성들이 부담해야 할 비용도 다를 수밖에 없었어요. 이에 또 불만이 생긴 행성들은 급기야 자기 행성의 공전 궤도를 수정하여 가능한 한 태양 가까이로 행성을 이동시켰어요. 이 과정에서 궤도를 차지하기 위한 경쟁이 벌어졌지요. 결국 과열되는 문제에 행성들끼리 사이가 나빠졌어요. 이러다가는 큰 전쟁이 일어날 판이었어요. 이에 태양제국은 에너지 이송 비용을 중앙정부에서 담당하기로 결정했어요. 우여곡절 끝에 가까스로 각 행성의 궤도를 적당한 거리에 효과적으로 배치할 수 있게 되었어요.

태양제국의 성장은 매번 순탄치 않았어요. 앞에서도 말했듯이 행성들 사이에 국지적인 전쟁도 여러 번 있었고, 행성 자체의 소요 사태로 제국의 군대를 파견해야 할 일도 여러 번 있었어요. 그 과정에서는 중앙 정부의 효과적인 관리와 조정 능력을 통해 평화가 유지되었어요.

이렇게 태양제국은 다이슨 구를 가진 2단계 우주 문명을 완성하게 되었어요. 다이슨 구를 잘만 관리한다면 앞으로 수억 년 동안은

에너지 걱정은 하지 않아도 되었어요. 태양 활동이 변하여 태양제
국에 문제가 생기려면 수십억 년은 지나야 하니 태양제국의 앞날은
탄탄대로라고 해도 과언이 아니지요. 그래도 장담할 수는 없었어
요. 광활한 우주에서는 언제 어디서 어떤 대재앙이 닥쳐올지 아무
도 예상할 수가 없거든요. 가까운 우주에서 초신성이라도 폭발하면
태양제국은 파국을 맞이할 수도 있는 거니까요.

은하 너머의 꿈

별들의 속삭임이 들려오는 곳
눈을 감고 무한을 꿈꾼다

시간의 벽을 넘어
공간의 막을 지나

생명이 꿈틀대는
새로운 별을 찾아

두려움과 희망을 싣고
떠난다

우주의 심장이 뛰는 곳
원초적 내 고향으로

간만에 재쭘 봐 볼까?
삑!

삑!
삑!
슥
화성도 먹고 금성도 먹고

태양계를 다 먹었지만 나는 아직도 배가 고파 저 은하를 다 먹기 전에는~
MISSION CLEAR!

4

은하 식민지
– 1억 년 뒤의 인류 –

이제 지금으로부터 1억 년 뒤의 이야기를 해 볼까요?

1억 년, 정말 상상도 할 수 없는 긴 세월이지요. 하지만 우주의 시간으로 보면 1억 년은 순간에 불과합니다. 태양계가 탄생한 것이 50억 년 전, 빅뱅으로 우리의 우주가 탄행한 것이 138억 년 전임을 생각하면 1억 년은 정말 짧은 시간입니다.

우주의 시간	
빅뱅	13,800,000,000년 전
태양계 탄생	5,000,000,000년 전
지구 탄생	4,600,000,000년 전
인류 탄생	300,000년 전
단군조선 탄생	5,000년 전

인간이 이 지구상에 나타난 것이 고작 몇십만 년이고, 문명이 시작된 것은 만 년도 채 안 되는 것을 떠올리면 또 1억 년은 얼마나 긴 시간인가요? 1억 년은

태양제국 가는 길에 상상력 좀 키웠습니다

우주의 시계로는 찰나일지 몰라도 인간의 시계로는 거의 영원이라고 해도 과언이 아닙니다.

그 긴 미래에 정말 우리의 후손이 이 우주에 남아 있을지는 알 수 없어요. 그래도 우리는 그런 희망을 버릴 수는 없어요. 그래서 그 장구한 미래를 상상해 보는 겁니다. 상상하는 존재, 그것이 인간이고, 상상할 수 있기에 인간은 위대합니다.

과연 1억 년 뒤, 우리 인류가 이 우주에 존재한다면 그 세상은 어떤 모습이고, 그때 인간은 무슨 생각을 하고, 무엇을 추구하고 있을까요?

태양제국이 다이슨 구를 완성한 지도 어언 1억 년이 지났어요. 태양제국은 1억 년 동안 태양계의 행성 대부분을 테라포밍했을 뿐만 아니라 다이슨 구를 완성하여 태양의 에너지를 완전히 장악하게 되었어요. 인류는 태양계의 모든 곳에 퍼졌으며, 태양계는 인류의 안마당이 되었어요. 태양제국은 막강한 힘으로 한없는 평화의 시대를 맞이했어요. 아무것도 부족할 것이 없고, 아무것도 두려울 것이 없었죠.

이것으로 인류는 만족했을까요? 아니요. 태양제국은 태양계를 완전히 장악했지만, 태양계는 우리 은하의 변방에 있는 작은 구석일 뿐이에요. 태양계를 점령한 인류는 이 우주가 얼마나 광대한지 누구보다 잘 알고 있었어요. 그들은 지금 우리는 겨우 지구를 벗어나 다른 행성에 가려고 안간 힘을 다 쓰고 있지만, 태양제국은 태양계를 다 점령한 것으로 만족하지 않고 더 넓은 우주를 꿈꾸었어요. 고도로 발달한 과학기술을 가지고 있었지만, 태양계 밖의 우주로 나가는 일은 또 다른 문제였어요. 왜냐하면 우주가 너무나 크고 넓기 때문이었어요. 하지만 우주가 아무리 크더라도 별들이 서로 가까이 있으면 쉽게 이 별에서 저 별로 갈 수 있을 텐데 별과 별 사이의 거리도 평균해서 수 광년이나 되니 쉬운 일이 아니었어요. 우리가 지금 하늘을 바라볼 때는 별과 별 사이가 가까운 것처럼 보이지만 실제로는 그 사이가 어마어마하게 멀어요.

태양계에서 가장 가까운 별은 '알파 센타우리'예요. 거기까지도 약 4광년이에요. 빛의 속도로 가도 4년이 걸리는데 우주선으로는 간다면 얼마나 걸릴까요? 보이저 1호의 속도가 17km/s라고 하니 이 속도로도 가면 7만 년이 걸려요.

가장 가까운 별이 그러한데 다른 별까지는 상상하기 조차 어려워요. 우리 은하의 지름도 약 10만 광년이나 돼요. 우리 은하를 벗어나 다른 은하로 간다는 것은 더더욱 상상하기 어려워요. 더구나 아인슈타인의 상대성이론에 의하면, 아무리 빨라도 빛보다 더 빨리 가는 것은 불가능하다고 해요. 빛보다 빨리 가는 것이 불가능하다면 무슨 방법이 있을까요? 하지만 지금까지 인류는 어떤 불가능에

    태양제국 가는 길에 상상력 좀 키웠습니다

도 굴복하지 않고 그 불가능을 가능으로 바꾸어 왔어요. 어렵다는 이유로 포기하지 않았어요. 과연 그들은 어떻게 이 난국을 해결했을까요?

처음에는 점점 더 속도가 빠른 우주선을 만들었어요. 별까지 가지 않더라도 태양제국에 있는 행성과 행성 사이도 상당히 멀기 때문에 그 안에서만 이동한다고 하더라도 빠른 우주선을 만드는 것이 중요했어요. 우주선의 추진력은 로켓 원리를 이용했어요.

로켓의 원리는 우주선 뒤로 기체를 뿜어내면 그 반동으로 우주선이 앞으로 달리게 되는 거예요. 우주선을 앞으로 미는 힘을 추진력Impulse라고 해요. 같은 양의 연료를 사용하여 추진력을 내는 정도를 비추력Specific Impulse이라고 해요. 따라서 비추력이 큰 엔진을 만드는 것이 곧 빠른 우주선을 만드는 길이에요.

21세기 지구인이 만든 액체 연료 로켓의 비추력은 450정도에요. 만약 핵분열 로켓을 사용한다면 비추력을 최대 1,000까지 높일 수 있어요. 그리고 플라스마 엔진이라면 비추력을 30,000까지 얻을 수

비추력(Specific impulse)

연료 1kg으로
1N의 추진력을 지속할 수 있는 시간

액체연료 엔진:	450
핵분열 엔진:	1,000
플라스마 엔진:	30,000
핵융합 엔진:	200,000
반물질 엔진:	10,000,000
암흑물질 엔진:	?
암흑 에너지 엔진:	?

*반물질: 물질과 만나면 빛을 내고 사라지는 물질
*암흑물질: 중력을 만들어 내지만 보이지 않는 물질
*암흑 에너지: 진공이 가지고 있는 에너지

있어요. 그리고 핵융합 엔진을 사용한다면 200,000까지 가능해요. 그리고 반물질 엔진을 만든다면 10,000,000까지 가능해요. 아직 그 존재조차 제대로 알지 못하는 암흑물질이나 암흑 에너지를 사용하는 장치가 나온다면 정말 어머어마한 비추력을 가진 엔진을 만들 수 있을지도 몰라요.

하지만 아무리 비추력이 높은 엔진을 만들어도 빛의 속도보다 빠른 우주선을 만드는 것은 불가능해요. 태양제국에서는 21세기 지구에서 사용하던 고체나 액체 연료 로켓은 박물관에서나 볼 수 있고 그보다 훨씬 더 빠른 우주선을 만들었어요. 바로 핵융합 엔진이에요. 21세기 지구인이 그토록 만들고자 했던 핵융합 기술은 태양제국에는 보편화된 기술이었어요. 따라서 로켓에도 핵융합 엔진을 당연히 사용했죠. 액체나 고체 연료 로켓에 비하면 5만 배나 빠른 로켓이지요. 태양제국은 이 핵융합 엔진 우주선으로 태양계의 여러 행성을 자유자재로 다닐 수 있었어요.

하지만 아직 반물질 엔진, 암흑물질, 암흑 에너지 엔진은 만들지 못했어요. 그래도 태양제국은 핵융합 엔진을 이용하여 일차적으로 가장 가까운 프록시마 센타우리로 갈 계획을 세웠어요. 프록시마 센타우리는 태양계에서 가장 가까운 알파 센타우리 별 집단에 속하는 작은 별인데, 행성을 거느리고 있을 뿐만 아니라 물과 공기가 존재할 가능성이 큰 소위 거주 가능한 Habitable Zone, HZ 행성이 존재할 것

태양제국 가는 길에 상상력 좀 키웠습니다

으로 보였기 때문이에요.

핵융합 로켓의 최대 속도는 빛의 속도의 10%에 불과해요. 그런 속도로 달린다면 알파 센타우리까지는 40년이 걸려요. 왕복하려면 100년이 걸리지요. 물론 이것은 여행 과정에서 아무 문제도 발생하지 않고 순조로운 항해를 한다는 가정에서 잡은 일정이지요.

우주는 황량한 공간이어서 여행 과정에서 무슨 일이 벌어질지 알 수 없어요. 근처에서 초신성 폭발이라도 일어난다면 우주선은 그 열기에 녹아 사라질 수도 있고, 알지 못하는 떠돌이 행성과 충돌할 위험도 있어요. 그러다 보면 항로를 수정할 수밖에 없고, 그렇게 되면 여정은 계획보다 훨씬 길어질 수도 있어요. 아마도 수백 년이 걸린다고 생각하는 것이 합리적일 판단일 거예요.

하지만 인류는 이런 정

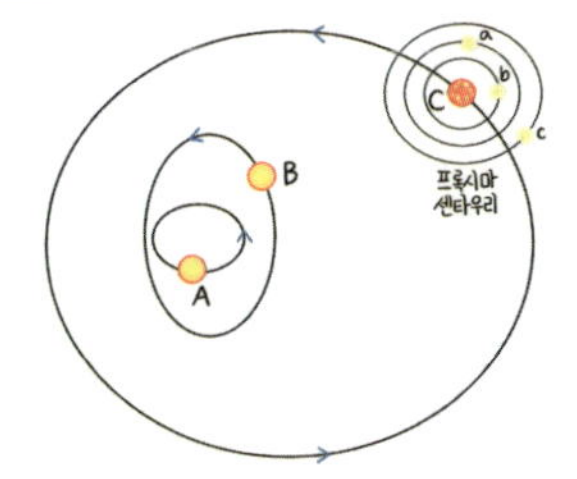

알파 센타우리는 남쪽 하늘 센타우루스 별 집단에 속하는 3개의 별로 이루어진 별 집단을 말한다. 세 별은 각각 센타우리 A, 센타우리 B, 센타우리 C라고 부른다. A와 B 두 별은 태양과 비슷한 별인데 두 별은 가까이 있는 이중성이어서 서로 마주 보고 79년 주기로 돌고 있다. C는 이들과 좀 더 떨어져 있는데 프록시마 센타우리(Proxima Centauri)로 불리는 별이다.

프록시마 센타우리는 태양보다 상당히 작은 별이다. 태양으로부터 약 4.24광년 떨어져 있는 별이며, 이중성 AB 주위를 55만년 주기로 공전하고 있는 별이다.

프록시마 센타우리는 몇 개의 행성(a, b, c)를 거느리고 있다. 그 중에서 행성 b는 지구 정도의 크기인데 11일 주기로 프록시마 센타우리를 공전하고 있으며 물이 존재하고 온도도 적합하여 생명이 존재할 가능성이 있는 행성으로 알려져 있다.

도의 어려움으로 여행을 포기하지는 않아요. 수백 년이 짧은 시간은 아니지만 그렇게 긴 시간도 아니에요. 지구에서 인류가 퍼져 나갔던 과정을 생각해 보세요. 아프리카에서 유럽으로, 유럽에서 아시아로, 아시아에서 아메리카로 인류가 퍼진 과정은 수십만 년이나 걸렸어요. 그 과정에서 얼마나 많은 위험과 고통이 있었을까요? 그래도 인류는 멈추지 않았어요. 그런데 태양제국이라는 거대한 제국을 건설한 인류가 100년이라는 시간 때문에 여행을 포기할 수는 없지요.

인류는 알파 센타우리로 가기로 했어요. 이제 남은 문제는 가는 방법이었어요. 우선 우주선을 만드는 일이지요. 수백 년 동안 항해를 해야 하기에 그 규모가 엄청나게 커야 했어요. 실어야 할 연료의 양도 많지만 탐사 장비까지 하면 더욱 커야 했어요.

그리고 더 중요한 것은 사람이 직접 타고 갈 것이냐의 문제였어요. 이와 관련해서 복잡한 논쟁이 있었어요. 일단, 사람이 가야 한다면 문제는 엄청 복잡해져요. 먹을 식량을 실어야 하고, 조리사도 가야 하고, 한두 해도 아니고 여러 세대를 살아야 하니 사망과 출생의 균형을 맞추어 일정 수준의 인구를 유지하기 위해서는 최소한 수백에서 수천 명이 탑승해야 했어요. 더구나 사람들 사이에 발생할 수 있는 갈등을 조정하는 것도 큰 문제가 아닐 수 없어요. 수백 명 중에서 이상한 사람이 나오지 말라는 법도 없고, 자기 마음대로 우주

   태양제국 가는 길에 상상력 좀 키웠습니다

선을 통제하려는 인간이 나오지 말라는 법도 없지요. 그렇게 되면 분란이 생기고 우주선은 큰 위험에 빠지게 될 거에요. 복잡한 논의 끝에 결국 사람을 직접 보내는 것은 포기할 수밖에 없었어요.

그 대신 사람보다 더 일을 잘하는 인공지능 로봇을 보내기로 했어요. 앞서 이야기했듯 로봇이 간다면 여러 복잡한 문제가 해결되지요. 우선 식량이 필요 없어요. 로봇은 에너지만 있으면 되기 때문이에요. 그리고 감정이 없으므로 서로 간의 갈등도 발생하지 않아요. 더 중요한 것은 열악한 우주 환경에서 생존이 쉬워요. 로봇은 물과 공기가 없는 환경에서도 생존할 수 있지요. 그리고 더 중요한 문제는 알파 센타우리에 도착했을 때 그곳의 환경이에요.

생각해 보세요. 알파 센타우리가 인간이 살 수 있는 환경일까요? 그럴 가능성은 거의 없어요. 물과 대기가 있다는 보장도 없는 환경에서 인간이 무엇을 할 수 있을까요? 하지만 로봇은 가능해요. 물론 로봇도 너무 뜨겁거나 강력한 방사선에 노출되면 기능을 발휘하지 못할 수는 있어요. 하지만 인간보다는 훨씬 더 생존 가능성이 높아요. 인간을 보내는 것을 포기하고 나니 훨씬 문제가 간단해졌어요. 문제만 간단해진 것이 아니라 경비도 몇 배로 절약이 되었어요.

하지만 인간을 보내는 것을 포기하기는 했지만, 완전히 포기한 것은 아니에요. 먼저 인공지능 로봇이 가서 거주 가능한 행성이 있는지 조사하고, 그런 행성이 있다면, 먼저 테라포밍을 하고, 그렇게 어느 정도 인간이 거주할 수 있는 환경이 만들어졌을 때, 인간을 보낼 계획이지요. 인간이 갈 때는 온갖 식물과 동물의 유전자도 같이 보낼 거예요. 태양제국의 생명 공학 기술로는 유전자만 있으면 얼마든지 식물과 동물을 복제할 수 있기 때문이에요.

이러한 장기적인 구상을 한 후, 태양제국에서는 우주선 건립에 들어갔어요. 우주선이 그냥 비행기 한 대 만드는 그런 일이 아니에요. 실어야 할 연료와 장비를 상상해 보세요. 크기만 해도 큰 도시 하나 정도는 되어야 했어요. 그 모든 장비를 조종할 로봇이 있어야 하기 때문에 로봇 숫자만 해도 수천은 되어야 했지요. 우주선의 부품들은 각 행성이 분담하여 제작하고, 이를 제국 본부에서 조립하는 방식을 택했어요. 지구에서는 엔진, 화성에서는 탐사 장비, 금성에서는 연료를 준비하기로 했어요. 그 외 여러 가지 부품도 각 행성이 분담하여 제작하기로 했어요. 이렇게 우주선이 완성되고, 출발할 준비를 마무리하게 되었어요.

태양제국은 제국 탄생 후 처음으로 태양계 밖으로 나가게 되었어요. 아무 행사도 없이 나갈 수는 없지요. 정말 거대한 축하 행사가 이루어졌어요. 출발지는 태양계의 바깥쪽 명왕성이었어요. 명왕성은 비록 크기는 작지만 태양계를 벗어나기 가장 적합한 위치에 있을 뿐만 아니라 기체 행성이 아니라는 점이 장점이 있어요. 출발 행사를 위해서 명왕성 근처에 여러 개의 호텔 행성을 띄우고 각 행성국의 대표들이 묵을 수 있게 했어요.

   태양제국 가는 길에 상상력 좀 키웠습니다

　기념식은 각 행성국 대표들의 축사와 타고 갈 로봇들의 기묘한 행진이 이어졌어요. 거대한 행사 끝에 태양제국의 대통령이 우주선에 휘황찬란한 레이저 광선을 뿌리면서 축복하는 것으로 축하 행사를 마무리하고 거대한 우주선은 그 위용을 자랑하며 힘차게 태양계 밖으로 날아갔어요.

　출발은 순조롭게 진행되었어요. 출발 후 우주선과 태양제국과의 통신은 계속 이루어지고 있었어요. 하지만 알파 센타우리까지 가는 과정에는 거의 텅 빈 공간이므로 우주선 안에서 할 일은 별로 없어요. 혹시 모르는 은하의 떠돌이 행성의 출몰이나 강력한 우주 방사선을 고려해야 하지만 그런 것에 대한 대비는 우주선 자체의 자동 방어 시스템으로 충분히 대처할 수 있게 되어 있어서 큰 문제는 아니었어요.

　하지만 우주는 황량한 공간이고 인간이 예측하지 못하는 일이 벌어질지도 모르니 항상 경계를 늦출 수는 없지요. 모든 상황은 인공지능 로봇이 판단하고 필요한 조치를 한 후 태양제국에 보고하기로 되어 있었어요. 모든 것을 태양제국의 지시에 의존할 수는 없었어요. 통신하는 데 걸리는 시간이 최소한 몇 년은 걸리기 때문이에요. 그렇게 했다가는 바로 닥치는 위험을 물리치지도 못하고 당하고 말지 않겠어요? 그러니 당면한 문제는 인공지능이 자체 판단으로 처리하지 않으면 안 돼요. 처리 후 지구에 보고하는 것이지요.

　항해는 순조롭게 진행되고 있었어요. 몇 번 떠돌이 행성을 만나기는 했지만, 자체 방어 시스템에서 우주선의 진행 방향을 미리 조정하여 큰 문제는 생기지 않았어요. 이렇게 장애물을 피해서 가다 보니 항해 시간은 예상보다 좀 길어졌어요. 이제 우주선이 출발한 지도 어언 50여 년이 되어 가고 있었어요. 알파 센타우리에 접근하고 있다는 소식은 들었으나 도착했는지 아직 알 수는 없었어요. 도착 소식을 받는 데만 몇 년이 걸리는 거리이니까요.

그러던 어느 날, 드디어 기쁜 소식이 왔어요. 우주선이 알파 센타우리 행성계에 도착했다는 소식과 그 행성계의 행성을 탐사하기 시작했다는 소식이었어요. 태양제국에서는 축제가 벌어졌어요. 태양제국 탄생 이후 처음으로 다른 행성계에 가게 된 것이니 그 감동이 어떠했겠어요.

우리는 무슨 큰일이 생기면 '단군 이래 최대', '단군 이래 최초'라는 말을 사용하지만, 태양제국에서는 '태양제국 창건 이래 최초'라는 말을 사용해요. 정말 태양제국 창건 이래 최초로 다른 행성계에 간 것이지요.

그 이후 통신은 숨 가쁘게 오고 갔어요. 일단 행성 탐사 결과 생명이 있는 행성은 없다는 보고였어요. 한편으로 서운하기도 했지만 한편으로는 안심이 되기도 했어요. 다른 생명체가 있다면 그들과 어떻게 대면할지도 큰 문제였거든요.

그중에서 한 행성에 물이 존재한다는 것을 확인할 수 있었어요.

 태양제국 가는 길에 상상력 좀 키웠습니다

알파 센타우리를 테라포밍하는 로봇들

대기에도 수증기가 있어서 지구의 우박처럼 얼음 덩어리 같은 것이 하늘에서 내리는 환경이었어요. 다만 이산화탄소가 부족하여 평균 기온이 0℃에 가까운 추운 환경이라는 소식이었어요. 하지만 그런 행성을 발견한 것만으로도 큰 행운이 아닐 수 없었어요. 물과 공기가 있다는 거만으로도 생명을 이주시키기에는 매우 유리한 조건이기 때문이에요.

　이제 남은 문제는 이 행성을 테라포밍하는 일이에요. 하지만 아직 인간이 아닌 인공지능 로봇만 간 상황이라는 것을 생각해야 해요. 이 로봇은 태양제국에서 부여한 최종 목표를 달성하기 위해서 스스로 그 방법을 찾을 수는 있지만 새로운 목표를 설정할 수는 없어요. 그런데 태양제국에서 부여한 최종 목표가 새로운 행성에서 그대로 적용될 수 있는지는 의문이에요. 그래서 수시로 태양제국과 통신을 하면서 목표에 대한 수정 지시를 받아야 했어요.

행성을 테라포밍하기 위해서는 우선 수많은 공장을 세워야 하는데, 그러기 위해서는 장비를 만들 재료와 일꾼이 있어야 해요. 일차적으로 중요한 것은 일꾼인데, 로봇이 유능한 일꾼이기는 하지만 우주선에 태우고 간 로봇은 수천 개 정도에 불과해요. 당연히 복제 로봇을 만들 수 있지만 그러려면 로봇을 만들 재료가 있어야 해요. 이 재료를 전부 태양제국에서 가져온다는 것은 상상도 할 수 없는 일이지요. 그래서 재료는 대부분 자체적으로 조달하지 않으면 안 돼요. 그래서 가장 먼저 광산을 개발해서 철, 구리, 아연, 금속을 물론 첨단 소재를 만들 수 있는 기초 원소들을 수집해야 했어요.

그래도 일부 탄소나노튜브와 같은 첨단 소재는 태양제국에서 가져오지 않으면 안 되었어요. 그래서 광산 채굴이 활발하게 진행되는 동안, 태양제국에서는 첨단 재료를 보낼 화물 우주선 건립에 들어갔어요. 화물선을 여러 척 만들어 순차적으로 프록시마 센타우리로 보냈어요. 이 태양제국에서 보낸 재료를 이용하여 우선은 복제 로봇을 만들어 일꾼을 확보하는 것이 급선무였어요. 로봇 일꾼이 적어도 수백만에서 수천만이 있어야 했어요. 그다음으로는 광산을 개발하여 필요한 재료를 확보하는 일이었어요. 재료가 어느 정도

 태양제국 가는 길에 상상력 좀 키웠습니다

확보되면 제품을 만들 공장을 건설하는 것이지요. 공장은 물론 모두 자동화된 공장이에요. 이제 풍부한 자원과 이 자원을 이용해서 필요한 제품을 만들 수 있게 되었어요. 하지만 아직 이 행성은 인간이 살 수 있는 환경은 아니지요. 그래서 행성 테라포밍을 진행해야 해요. 행성의 테라포밍은 태양제국이 가장 잘하는 기술 중의 하나예요. 태양제국을 건설할 때 화성, 금성, 수성 등 많은 행성을 테라포밍한 경험이 있기 때문이에요.

이제 첫 우주 탐사선이 프록시마 센타우리로 간 지도 수백 년이 지났어요. 이제 실제로 인간이 갈 차례가 되었어요. 인간을 보낸다는 것은 앞에서도 설명한 것과 같이 보통 문제가 아니에요. 편도로 50년이나 걸리는 여행이니 살아서 다시 돌아온다는 것은 어렵고, 일단 간다면 그곳에서 생을 마감할 각오를 해야 해요. 그런 여행에 선뜻 지원할 사람이 있을까요? 하지만 수많은 인간 중에는 별의별 생각을 가진 사람들이 있기 때문에 생각보다는 지원자가 많았어요. 하지만 보내는 인원은 너무 적어도 안 되고 너무 많아도 안 돼요. 정당한 인원이 필요해요. 그 적당한 인원은 여러 가지 변수를 고려해서 결정해야 해요. 가다가 죽는 사람도 고려해야 하고, 도착하여 결혼하여 자식을 낳고 자손이 유지되기 위한 숫자도 고려해야 하고, 원만한 인간관계가 유지되는 사회를 구성하기 위한 숫자도 생각해야 해요. 이 모든 조건을 고려하였을 때 적어도 수백 명은 보내야 한다는 결론에 도달했어요. 그래서 500명으로 결정했어요. 인간을 위한 서비스는 전부 인공지능 로봇에게 맡기면 되었지요. 그러니 인간 요리사나 인간 청소부를 보낼 필요는 없었어요.

그리고 이들과 함께 식물과 동물의 표본과 유전자를 같이 보냈어요. 태양제국의 기술로는 유전자만 있어도 그 식물이나 동물을 완전히 복제할 수 있는 기술이 있기 때문이에요. 이렇게 각종 식물과 동물의 유전자, 음식과 장비를 실어서 프록시마 센타우리로 보냈어요.

이 사람들이 그 행성에 도착하면, 이들이 로봇을 지휘하여 행성에 국가를 건설할 거예요. 이제 태양제국은 모든 권한을 이 사람들에게 일임하고 기다리는 방법밖에 없었어요. 그들은 전적으로 그들 스스로 자기들의 세계를 만들어 가겠지요.

수천 년이 지나면 그 행성에도 사람이 넘쳐 날 것이며, 그들도 태양제국처럼 프록시마 센타우리 행성 제국을 건설하게 되겠지요. 프록시마 행성 제국과 태양제국은 서로 경쟁 관계에 들어갈지도 몰라요. 그리고 어쩌면 두 제국 간에 전쟁이 벌어질지도 모르지요. 하지만 그러한 우여곡절을 겪으면서도 마침내 인류는 은하계 전체로 퍼져 나가지 않겠어요?

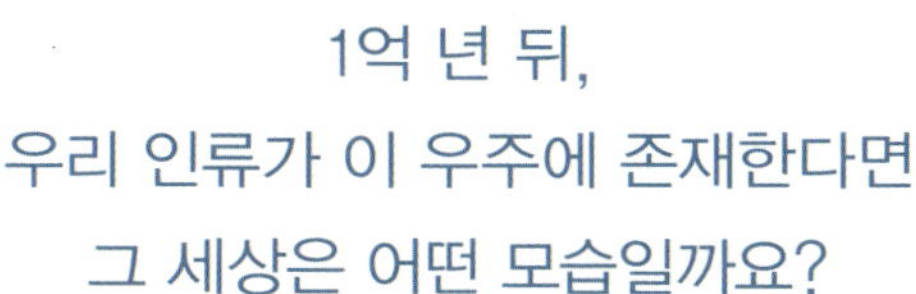

1억 년 뒤,
우리 인류가 이 우주에 존재한다면
그 세상은 어떤 모습일까요?

여러분이 상상하는
1억 년 후는 어떤 모습인가요?

웜홀을 사이에 두고

실타래처럼 얽힌 시간과 공간

순간이 영원이 되고
영원이 순간이 되는 곳

여기가 저기이고
저기가 여기인 곳

과거의 내가
미래의 나와
어리둥절 만나는 곳

웜홀을 사이에 두고

벌레가 아니어서
슬픈 두 사람

넌 누구야?
난 4328번 지구라고해
와 웜홀이다!
우웅...
어? 생각보다 편안한데?

외계인이다!!

5

웜홀 만들기
- 10억 년 뒤의 인류 -

이제 10억 년 뒤의 이야기를 해 볼까요?

프록시마 센타우리에 인류가 이주한 이래, 인류는 은하계로 더 펴져 가고 있었어요. 하지만 제국과 제국 간의 이동은 너무 힘든 일이었어요. 비록 제국들이 거의 광속에 근접하는 우주선을 만들기는 했지만, 빛의 속도로 날아간다고 해도 우주는 너무 넓고 방대했어요. 우리 은하의 지름만 해도 약 10만 광년이나 되는데, 다른 은하는 꿈도 꾸지 못했어요. 초광속 이동 방법이 나오지 않으면 은하게 밖으로 뻗어 나간다는 것은 꿈도 꿀 수 없어요. 10억 년 뒤 인류는 이 문제를 어떻게 해결했을까요?

아무리 인간의 과학과 기술이 대단하다고 해도 자연의 법칙을

태양제국 가는 길에 상상력 좀 키웠습니다

거스르면서 무엇을 할 수는 없어요. 자연은 빛의 속도보다 더 빨리 공간을 이동하는 것을 허락하지 않아요. 그렇다면 수백억 광년이나 되는 이 우주 공간을 짧은 기간에 여행하는 것은 완전히 불가능한 일일까요?

우리는 앞서 공간에는 여러 차원이 있다고 했지요? 그리고 평평한 공간이 있는가 하면 휘어진 공간도 있다고 했지요? 지구는 3차원 공간에 있지만, 지구의 표면만 생각하면 2차원이라고 할 수 있어요. 지구의 표면은 둥글게 휘어진 2차원 공간이에요. 이런 휘어진 공간에서는 두 점 사이의 거리는 하나가 아니에요. 서울에서 출발하여 동쪽으로 간다면 강릉까지는 200km 정도입니다. 하지만 서울에서 서쪽으로 간다면 문제는 달라집니다. 지구를 한 바퀴 돌아서 가야 하지요. 그러면 거의 40,000km가 됩니다. 왜 이런 일이 일어날까요? 그것은 말할 것도 없이 지구가 둥글기 때문이에요. 길고 곧은 철사의 두 끝점은 가장 멀리 떨어져 있지만 철사를 휘어서 둥글게 하여 붙이면 가장 먼 곳이 가장 가까운 곳이 되는 것처럼, 공간도 이 철사처럼 휠 수 있다면 먼 곳도 가까이 가져올 수 있다고 말했던 것이 기억나나요?

우리나라 옛날 이야기에 축지법을 사용하는 이야기가 있어요. 글자 그대로 땅을 주름잡는다는 말이지요. 서울에서 부산까지 갈 것이 아니라 부산을 끌어서 서울로 가져오는 것이지요. 재미있는 발상이지만 그것이 어떻게 현실에서 가능하겠어요? 말도 안 되는 소

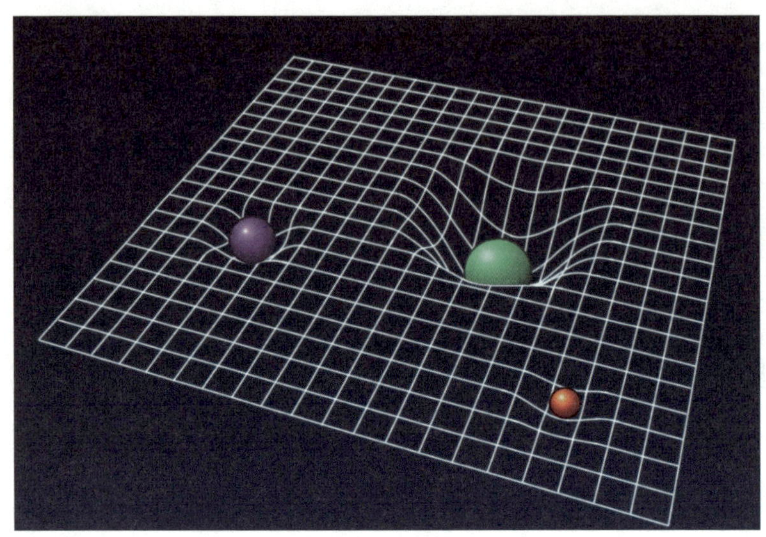

3차원의 공간이 휘어진 모습

리 같지만, 과학적으로 가능해요. 믿거나 말거나 아인슈타인의 상대성이론이 그런 주장을 하고 있어요. 면이 휘어져 있으면 우리가 그 휘어진 모습을 볼 수도 있어요. 왜냐하면 면은 2차원인 반면에 우리는 3차원에 있기 때문이에요. 그런데 2차원에 있는 인간, 예를 들면 플랫맨은 면이 휘어져 있다는 것을 알 수 없어요. 2차원 공간이 휘어져 있다는 것을 알기 위해서는 3차원에서 봐야 해요.

마찬가지로 3차원 공간이 휘어져 있다는 것을 3차원에서는 볼 수 없어요. 3차원이 휘어져 있다는 것을 알기 위해서는 4차원 초공간에서 봐야 해요. 우리는 3차원에 사는 스페이스맨이어서 우리가 사는 공간이 휘어져 있는지 그렇지 않은지 알 수가 없어요. 3차원

 태양제국 가는 길에 상상력 좀 키웠습니다

공간이 휘어져 있는지 아닌지는 눈으로 볼 수는 없고 여러 가지 현상을 관찰하여 판단할 수밖에 없어요.

상대성이론에서는 공간이 휘어진다고 주장하고 실제로 그것이 실험으로 관측되었어요. 태양처럼 무거운 별은 주위의 공간을 휘어지게 만들어요. 지구가 태양 주위를 빙빙 도는 것은 태양 주위의 공간이 휘어져 있기 때문이에요. 물론 지구도 지구 주위의 공간을 약간 휘게 하지요. 그래서 달이 지구 주위를 돌고, 던져 올린 돌이 지구로 떨어지는 거지요. 별의 질량이 크면 클수록 주위의 공간이 더 많이 휘어요.

우주에는 블랙홀이라는 매우 신기한 별이 있어요. 블랙홀은 무거운 별이 죽으면서 만들진 것인데, 공간이 엄청나게 휘어진 곳이에요. 우주에 생긴 구멍이라고 할 수 있죠. 블랙홀 주위의 공간이 얼마나 많이 휘어져 있었으면 빛조차도 그 구멍에서 빠져나올 수 없을까요? 빛이 빠져나오지 못하니 그 무엇인들 빠져나올 수 있을까요? 블랙홀을 빠져나올 수 있는 것은 아무것도 없어요. 일단 블랙홀 속으로 들어가면 계속 빠져 들어가게 되어 있어요. '계속'이라고 했나요? 끝없이 계속 말인가요? 그래요 영원히 빠져 들어가요. 그렇다넌 블랙홀 속으로 들어가면 결국 어디로 간다는 말인가요? 아무도 몰라요. 어쩌면 다른 우주를 만나게 되는 것은 아닐까요?

과학자들은 이 블랙홀을 설명하는 이론을 만들려고 수없이 노력

했으나 아직은 성공하지 못했어요. 성공하게 된다면 블랙홀에 빠지면 어떻게 되는지 알 수 있겠지만 그런 이론이 없으니 알 수도 없어요. 하지만 언젠가는 알게 되겠지요.

아마도 공간을 휘는 기술을 가진 인류라면 그런 원리를 알아 냈을지도 몰라요. 우리는 공간을 휘는 기술을 가지고 있지는 못하지만, 공간이 어떻게 휘어질 수 있는지는 알아요. 공간은 물질에 의해서 휘어져요. 그런데 아인슈타인의 상대성이론에서는 물질과 에너지가 마찬가지라고 해요. 아인슈타인의 상대성이론에서 나오는 식이 질량과 에너지가 같다는 것을 말하고 있어요. 질량을 가진 물체가 아니라도 엄청난 에너지를 사용할 수만 있다면 공간을 휘어지게할 수 있다고 해요. 원자폭탄이 터질 때 나오는 에너지 정도가 아니라 정말 상상도 할 수 없을 정도로 어마어마한 에너지가 있어야 해요. 그런 에너지를 어디서 가져온다는 말이에요?

그러니 공간을 인공적으로 휘게 하는 것은 이론적으로는 가능하나 실제로는 불가능해요. 하지만 21세기에서 10억 년이나 지났다고 생각해 봐요. 그때에도 그런 기술을 발명하지 못했을까요?

우주에는 우리가 보는 물질만 있는 것이 아니에요. 물질보다 더 많은 암흑물질이 있고, 암흑물질보다 더 많은 암흑 에너지가 있어요. 이 많은 에너지가 있지만 21세기의 인류는 그것을 이용하는 것은 물론 그 정체가 무엇인지도 잘 몰라요. 하지만 그 많은 에너지를

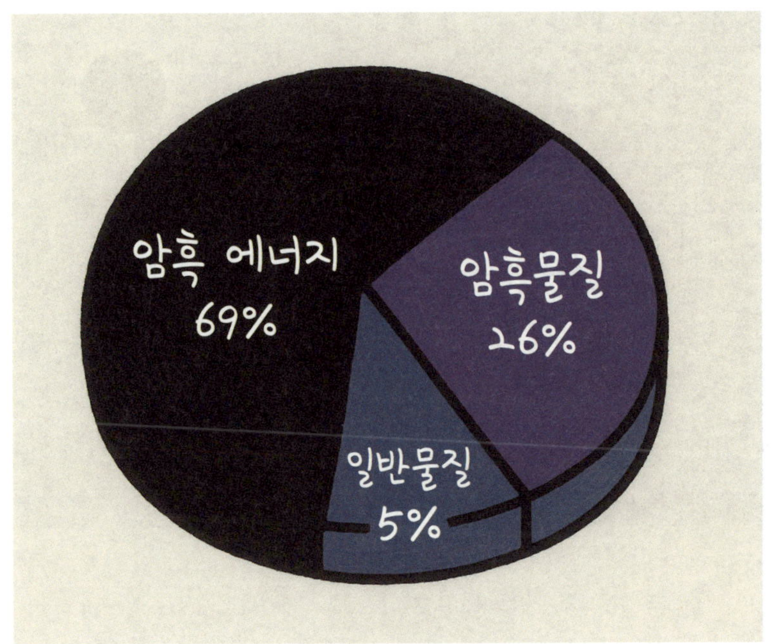

우주의 에너지 분포

이용하는 방법을 인류가 영원히 찾지 못할까요?

아마도 10억 년 뒤의 우리 인류는 이 문제를 해결했을 거예요. 아니나 다를까, 인류는 정말 이들의 정체를 밝혀내었을 뿐만 아니라 이들을 이용하는 방법도 찾아냈어요. 이런 에너지를 이용하여 공간을 휘고 펴는 것도 가능하게 되었어요. 옛날에는 우주를 여행하기 위해서 어떻게 하면 빨리 가는 우주선을 만들까 고민했지만, 지금은 빨리 가는 우주선이 아니라 공간을 휘게 만들어서 거리를 단축하는 방법을 사용하게 되었어요. 공간을 휘어서 멀리 있는 별이나

은하를 가까운 곳으로 가져오는 거지요.

물론 쉬운 일은 아니에요. 막대한 에너지가 들기 때문이에요. 공간을 휘어서 광속이라는 속도의 한계를 넘어서서 우주를 여행한다니 너무 멋지지 않나요?

태양제국은 이제 은하 제국이 되었어요. 은하 제국의 교통수단은 우주선이 아니에요. 공간을 이리저리 당기고, 펴고, 휘는 거지요. 이렇게 공간을 마음대로 조작하는 장치를 '공간 압축기'라고 해요. 이제는 이 공간 압축기로 이 은하에서 저 은하로 자유롭게 이동하게 되었어요. 공간 압축기 대신에 다른 방법도 있어요. 공간을 휘어서 웜홀을 만드는 것이에요. 휘어져 있는 공간 사이에 지름길을 만드는 방법이에요.

그림에서 보는 것처럼 3차원 공간이 초공간(4차원)에서 역디근(ㄷ)자 모양으로 휘어져 있다고 해 봐요. 이 공간의 한쪽 끝에는 지구가 있고 다른 끝에는 먼 은하가 있다고 해봐요. 초공간에서 보면 이 공간의 양 끝점은 가깝지만 3차원 공간에서는 멀리 돌아갈 수밖에 없어요. 만약 양 끝점을 연결할 수만 있다면 금방 갈 수 있지 않겠어요. 이렇게 두 공간을 연결하는 구멍을 웜홀이라고 해요. 공간을 휠 수 있다면 웜홀을 만드는 것도 가능해요. 이 웜홀을 사용하면 공간 압축기를 사용하지 않고도 쉽게 공간을 이동할 수 있지 않겠어요?

이제 은하제국은 먼 공간을 가까이 가져오게도 하고, 공간을 이리저리 휘게 만들 수 있는 능력을 가지게 되었어요. 그들은 공간을 밀가루 반죽 주무르듯이 쥐락펴락 할 수 있게 되었어요.

그런데 시간은 어떤가요? 뉴턴은 시간은 끝도 없이 앞으로만 흐른다고 생각했어요. 그런데 아인슈타인의 이론을 통해 시간이 그렇게 1차원 직선으로 흘러만 가는 것이 아니라는 사실을 알게 되었어요. 만약 시간도 직선이 아니라 공간처럼 휘어지게 할 수 있다면 어떨까요? 앞으로 신행하는 시간을 휘어서 과거의 시간과 이어 붙일 수는 없을까요? 그렇게 되면 나의 아버지와 어머니가 결혼하기 전의 시간으로 내가 돌아가 볼 수 있을까요?

말도 안 되는 소리 같지만, 이 우주는 너무 다양하고 우리가 이상하다고 생각하는 일들이 얼마든지 일어날 수 있는 곳이에요. 그러니 과거로 돌아갈 수 없다고 단정할 수는 없지요. 아마도 10억 년 뒤의 인류는 휘어진 시간을 따라 과거로도 미래로도 여행하는 타임머신을 발명했을지도 몰라요. 그들은 타임머신을 타고 21세기의 지구로 올 수도 있지 않을까요? 과거가 과거로만 머물지 않고, 미래가 미래로만 머물지 않고, 과거, 현재, 미래가 서로 오간다면 훨씬 더 재미있지 않을까요?

지구에 갇혀 있던 인류가 태양제국을 건설하고, 태양계에 머물러 있던 인류가 이제 은하 제국을 건설하여 이 우주를 활동 무대로 만들었어요. 태양계에 갇혀 있던 인류는 이제 태양계를 벗어날 수 있을 뿐만 아니라 이 은하에서 저 은하로 우주 어디에라도 갈 수 있게 되었어요. 상상해 보세요. 이 우주를 마음대로 돌아다니는 이 자유로움을! 그런데 잠깐만요. 과연 그들은 행복할까요?

아, 참 한가지 잊고 있는 것이 있었네요. 이 은하제국의 인류는 인간일까요? 아마도 21세기의 인간과는 완전히 다른 인간이겠지요? 자연적인 진화가 아니라 인간에 의한 인공적인 진화과정을 거쳤기 때문에, 자연적인 진화보다 더 급격하고, 더 신기하고, 더 다양한 진화가 이루어지지 않았겠어요?

신체의 모양은 물론 기능도 완전히 달라지고, 살과 뼈가 아닌 특

수 물질이 신체의 많은 부분을 대체해 버렸을 거고, 뇌의 기능도 획기적으로 향상되어 지금의 우리와는 완전히 다른 인간이 되었을 거라는 것을 알아야 해요. 인간인지 기계인지 구별하기는 불가능한 그런 인간일 거예요.

두뇌의 기능도 지금의 우리 두뇌와 인공지능이 결합된 상상도 할 수 없는 대단한 두뇌를 지니지 않았을까요? 이런 인간이 어떤 인간일지 상상이 되나요? 그들이 하는 생각이, 그들이 하는 일이, 그들이 내리는 결정이, 그들이 하는 사랑이 21세기 인간이 하는 것과 같을까요?

어쩌면 은하를 누비고 다니는 인류는 죽음조차도 극복했을지 몰라요. 지금의 인간과는 육체도 다르고 정신도 다른 인간에게 죽음이라는 것이 있을까요? 죽음이 없는 삶이 어떤 삶일까요? 죽음이 없는 삶의 의미는 무엇일까요? 그렇다면 그들을 인간이라고 할 수 있을까요?

또 아주 중요한 문제를 잊고 있었네요. 외계인 말이에요. 만약 이 은하에 다른 외계인 문명이 있다면, 은하를 누비고 다니는 우리 인류가 이 외계 문명과 분명히 만나게 될 거예요.

이 지구에서 탄생한 인류가 저 멀리 다른 별에서 탄생한 인류가 만나게 된다면 어떨까요? 우리와는 생각도 모양도 전혀 다른 인간이 만든 전혀 다른 문명과의 만남, 분명 이것은 우주적 대 사건이 아닐 수 없겠지요?

그 만남이 평화로운 만남일 수 있을까요? 알 수 없는 일이에요. 하지만 은하를 누비고 다닐 정도의 문명을 이룩한 인류라면 전쟁보다 평화가 서로에게 유익하다는 것 정도는 깨닫지 않았을까요?

지구 인류와 외계인 문명이 만나 서로 경쟁하고 협력한다면 이 우주는 더욱 재미있는 공간이 되지 않을까요?

배행기도 아니고
우주선도 아니고

웜홀이다!

웜홀을 지나면
어떤 세상이 펼쳐질까요?

평행 우주

나는 알아
네가 나라는 걸

너도 알겠지
네가 너라는 걸

운명의 장난인지
공간의 속임인지
시간의 속삼임인지

궁금함은 안개처럼
허공을 맴돌고

언젠가
차원의 벽이 허물어지면
우리는 온전히 서로를 알아볼 수 있을까

그런 날이 올 수 있을까?

사랑하는 나의 나여!

다른 차원으로
출발~
슈우웅~

앗! 너는?
앗! 너는?

나는 권재술이야
너는 누구야?
어? 나도
권재술이야!
슥

뭐라꼬?
휙
휙

6

다중 우주로 가 보자!
– 100억 년 뒤의 인류 –

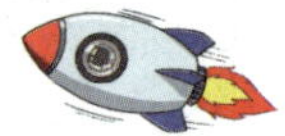

이 세상에 이 빅뱅 우주가 전부일까요? 혹시 다른 우주는 없을까요?

상상은 재미있어요. 우주를 상상하는 것만큼 재미있는 것이 있을까요?

이제 상상의 날개를 100억 년 뒤로 활짝 펴 볼까요?

지구에서 시작한 인류는 태양계를 점령하고, 은하를 점령하고, 암흑물질과 암흑 에너지를 이용하여 우주의 공간을 마음대로 주무를 수 있게 되었어요. 그래도 한 가지 의문이 떠나지 않아요. 그것은 바로 이 우주가 유일한 우주일까 하는 것이지요. 생각해 보세요.

옛날 사람들은 지구가 우주의 중심이라고 생각했어요. 지금 생각하면 얼마나 유치한 생각입니까? 지구는 태양의 주위를 도는 작은 행성에 불과하고, 태양은 은하의 변방에 있는 수많은 별 중의 하나일 뿐이잖아요. 그리고 우주에는 수없이 많은 은하가 있어요. 이 우주에서 '유일'하다고 생각했던 것은 다 '유일'하지 않고 그와 같은 것은 수없이 많다는 것을 알게 되었어요. 이제 마지막 질문으로, 그렇다면 이 우주는 '유일'한 것일까요? 혹시 다른 우주는 없을까요?

우리 우주는 빅뱅으로 탄생했어요. 과학자들은 빅뱅 초기에 급팽창이 있었다고 해요. 급팽창은 아주 짧은 시간에 공간이 두 배씩 팽창하는 팽창이에요. 초기 우주가 아주 작았다고 해도 아주 짧은 시간, 예를 들면 0.01초 동안에 두 배씩 증가한다면 1초만 지나도 엄청난 크기가 돼요. 예컨대, 초기 우주가 0.000000001미터인 크기에서 시작했다고 해도 1초 후에는 10,000,000,000,000,000,000,000 미터가 됩니다. 이것은 무려 1억 광년에 해당하는 크기입니다.

그런데 실제 급팽창은 이보다 훨씬 짧은 주기(초)로 급팽창했다고 해요. 과학자들은 이렇게 만들어진 우주가 지금은 약 930억 광년이나 된다고 해요. 그런데 생각해 보세요. 우주의 나이가 138억 년이라고 하잖아요? 그렇다는 건 우주가 탄생했을 때 출발한 빛이 아직 우주의 반에 반도 지나지 않았다는 말이에요.

그러니 우리가 볼 수 있는 우주는 반지름이 138억 광년인 공간뿐이에요. 이 거리 안에 있는 우주만 볼 수 있어요. 그 밖에 있는 우주는 갈 수도, 볼 수도, 통신을 할 수도 없는 다른 우주인 거죠. 비록

이 우주가 하나라고 하더라도 우주에는 138억 광년을 반지름으로 하는 수많은 우주가 있는 셈이에요.

우리 우주는 빅뱅으로 탄생했다고 했어요. 아주 작은 점이 엄청 난 팽창 과정을 거쳐서 이렇게 큰 우주가 되었어요. 그렇다면 이런 의문이 또 생기지요, 우리의 우주를 만든 이 빅뱅은 '유일'한 것이 었을까, 다른 빅뱅은 없었을까 하는 것이지요.

자연현상은 보편적이어서 여기에서 일어나는 현상은 저기에서 도 일어날 수 있습니다. 그렇다면, 빅뱅도 유일한 것은 '아니다'라는 것이 상식적으로 더 그럴듯한 생각이지요. 빅뱅이 하나가 아니라 여럿이었다면, 그리고 지금도 어딘가에 빅뱅이 일어나고 있다면 그 빅뱅마다 우주를 만들 것이고, 그러면 우주는 하나가 아니라 무수 히 많다는 것이 더 설득력이 있는 주장이 아닐까요?

다른 빅뱅으로 탄생한 우주라면 우리 우주와는 아무런 관계가 없는 다른 공간에 있는 우주예요. 그런 우주와 우리 우주는 완전히 단절되어 오갈 수 없는 완전히 별개의 우주일 겁니다. 가지는 못 해 도 있기는 있는 겁니다. 좀 황당하게 들리지만, 이렇게 생각하는 것 이 논리적으로 더 그럴 듯하기 때문에 과학자들도 그것을 믿는 거 지요.

이렇게 다중 우주라는 개념이 만들어졌어요. 이 세상에는 우리의 우주만 있는 것이 아니라 수없이 많은 우주가 있다는 것이지요. 그

 태양제국 가는 길에 상상력 좀 키웠습니다

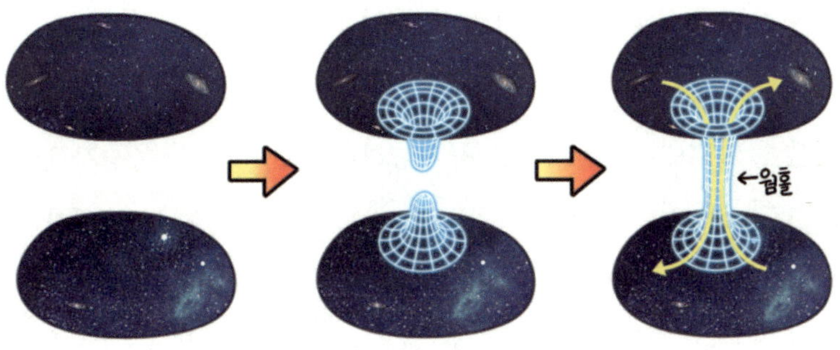

웜홀이 만들어지는 과정

런데 이 우주들은 서로 분리되어 있어서 절대로 만날 수 없을까요? 우주가 서로 다른 공간에 있다면 만나기는 어려울 겁니다. 하지만 공간을 마음대로 조작할 수 있다면 한 공간과 다른 공간을 서로 연결하는 방법은 없을까요?

엄청난 에너지만 사용할 수 있다면 공간을 휘어지게 만드는 것이 가능하다고 했지요? 공간을 휘어지게 할 수 있다면 그림에서 보는 것처럼 다른 두 우주의 공간을 점점 심하게 휘어서 연결하는 것도 가능하지 않겠어요?

아마도 인류의 과학기술이 점점 발전하여, 암흑물질과 암흑 에너지를 마음대로 이용하게 된다면 공간을 휘어지게 만들 수 있겠지요. 그렇게 되면 우리 우주와 다른 우주가 서로 왕래할 수 있는 웜홀을 만들 수 있을지도 몰라요. 아니 어쩌면 이미 웜홀이 존재하고 있을지도 몰라요. 우리가 모르고 있을 뿐이지요.

지금은 다른 우주가 있다고 해도 전혀 다른 공간에 있어서 가는 것은 말할 것도 없고 통신도 불가능하기 때문에 그런 우주가 있는지, 있다고 해도 있다는 사실 자체도 알 방법이 없어요. 하지만 공간을 휘어서 웜홀을 만들게 된다면 문제는 달라져요. 그렇게 되면 다른 우주와 통신하는 것은 물론 직접 방문할 수도 있어요.

달이나 화성까지 가는 것도 가슴 설레는 일인데, 다른 우주로 갈 수 있다면 어떨까요? 다른 우주는 우리 우주와 어떻게 다를까요? 우주가 다르다는 것은 그냥 생긴 모양이 다르다는 것은 아니에요.

물론 다른 우주에도 우리 우주처럼 별과 은하가 있는 우주도 있겠지만, 그런 것이 전혀 없는 우주도 있을 수 있고, 우리가 상상도 할 수 없는 이상한 것들이 있는 상상도 할 수 없는 이상한 우주도 있을 수 있어요.

우주의 성질은 그 우주에 있는 물질이 상호작용하는 방식에 따라 달라요. 우리 우주에는 네 가지 기본적인 힘이 있어요. 그것은 중력, 전자기력, 강력, 그리고 약력이에요. 이것이 우리 우주의 물리 법칙이에요. 이 상호작용으로 우리 우주의 삼라만상이 결정돼요.

만약 이 상호작용이 조금만 달라져도 완전히 다른 우주가 돼요. 예를 들어 볼게요. 전기에는 + 전기와 − 전기가 있어요. 같은 전기

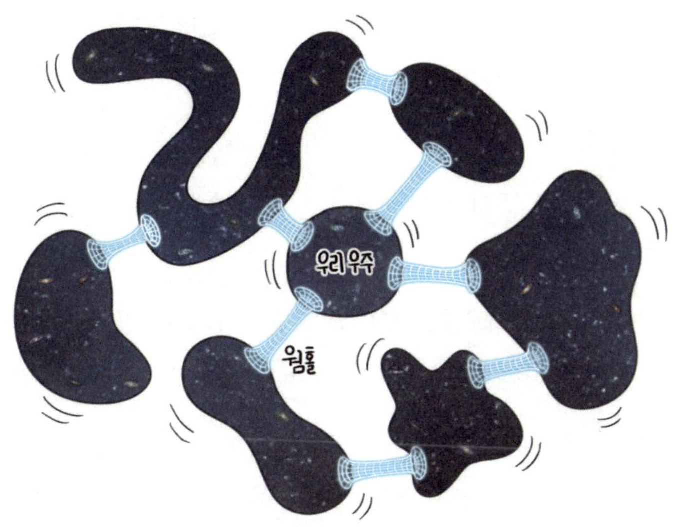

연결된 다중 우주

끼리는 서로 밀고 다른 전기끼리는 서로 당겨요. 그런데 중력은 인력만 있어요. 만약 다른 우주의 중력에는 인력과 척력이 있는데 전기력에는 인력만 있다고 해 봐요. 그 세상에 물이 있을까요? 물은 산소와 수소가 전기적인 인력으로 서로 뭉쳐 있어요. 그런데 전기력이 중력처럼 그렇게 약하다면 물 분자가 만들어질 수 있을까요? 이처럼 물리법칙이 달라지면 다른 세상이 되는 겁니다.

다른 우주의 물리법칙이 우리 우주의 물리법칙과 다르다면 그 세상은 우리가 도저히 상상할 수 없는 우주일 거예요. 아무리 공간을 휘어서 웜홀을 만든다고 해도 이렇게 물리법칙이 다른 우주를 어떻게 연결할 수 있을지 상상하기 어려워요. 연결하면 한 우주가 다른 우주를 삼켜 버릴지도 몰라요. 너무 위험한 일이죠?

두 우주의 만남이 더 위험한 경우도 있을 수 있어요. 만약 다른 우주가 반물질로 만들어진 우주라면, 물질과 반물질이 만나 엄청난 에너지를 내놓으면서 사라져 버릴 수도 있어요. 이러한 만남은 정말 재앙이 될 거예요.

다중 우주가 실제로 존재한다면 별별 우주가 다 있겠지요. 3차원이 아닌 2차원이나 4차원 공간인 우주도 있을 수 있고, 물리법칙이 전혀 다른 우주도 있을 수 있고, 우리 우주와는 전혀 다른 물질로 이루어진 우주도 있을 수 있을 거예요. 물론 우리 우주와 아주 비슷한 우주도 있을 거예요. 만약 공간과 물리적인 특성이 우리 우주와 같은 우주라면 그 만남이 재앙은 아닐 거예요. 그런 우주라면 웜홀을 만들어 연결하여 서로 왕래하는 것도 가능할 것이고, 우리가 그 우주로 가서 살 수도 있겠지요.

다중 우주 중에는 평행 우주라는 것도 있어요. '슈뢰딩거의 고양이'라는 말을 들어 보았나요? 쉽게 이야기하면 한 상자 속에 있는 고양이가 살아 있으면서 동시에 죽어 있는 상태의 역설을 보여 주는 사고 실험이에요. 이것은 양자역학의 상태 중첩이라는 현상을 설명하는 것인데, 일단 그 자세한 내용은 접어 두고 비유적으로 설명해 볼게요.

모든 현상은 확률적으로 일어나요. 예를 들면 내가 대학 입학 원

평행 우주 속 두 권재술

서를 쓸 때, 물리학과로 갈까 화학과로 갈까 고민하다가 물리학과로 가기로 결정했어요. 그래서 나는 물리학자가 되는 길을 가게 되었어요. 그런데 그때 화학과를 선택한 나도 있었다는 거지요. 그럼 화학과를 선택한 나는 어디 있나요? 물론 그런 나는 없다는 것이 일반적인 생각이지만 평행 우주 이론에서는 화학과를 선택한 내가 실제로 있고, 그 나는 다른 평행 우주에 있다고 말해요. 즉, 이 우주에는 물리학과를 선택한 권재술이 있고, 평행 우주에는 화학과를 선택한 권재술이 있다는 거예요. 물리학과를 선택한 권재술은 지금 이 우주에서 책을 쓰고 있는데, 화학과를 선택한 권재술은 다른 우주에서 어떻게 살아가고 있을까요? 궁금하지 않나요. 나는 엄청 궁금해요. 그런데 이 두 권재술이 만나면 어떨까요? '내가 너고 네가 나'인 이 상황이 참 웃기지 않을까요? 어느 권재술이 진짜 권재술일까요? 더구나 그 평행 우주의 시간이 이 우주의 시간과 달라서 그 우주는 아직 내가 대학을 선택하기 전의 시간이라고 한다면 어떨까요? 내가 개입해서 물리학과나 화학과가 아니라 생물학과를 지원하도록 만든다면 어떻게 될까요? 이제 생물학자 권재술이 만들어질 텐데, 그렇게 되면 이 우주에 살고 있는 물리학자 권재술은 어떻게 되며, 다른 평행 우주에 살고 있는 화학자 권재술은 어떻게 된단 말인가요? 조금 어지럽죠? 이쯤 되면 머리가 어질어질 한 게 정상이에요.

만약, 우리 우주가 아닌 다중 우주가 존재하고, 우주와 우주가 웜홀이건 다른 무엇으로 건 서로 연결이 가능하다면 이 세상은 훨씬 더 재미있는 세상이 될 것은 틀림없어요. 그렇지 않나요? 지구가 전부였던 세상에서 지구와 같은 행성이 더 있다는 사실을 깨닫고 화성이라는 다른 행성에 갈 꿈을 꾸었던 것처럼, 우리 우주가 세상의 전부가 아니라 다른 우주가 있다면 더 큰 꿈을 꿀 수 있지 않겠어요?

여러분, 지금까지의 이야기 어땠나요? 재미있었나요? 아니면 그저 황당했나요? 아니면 황당하면서도 재미있었나요? 인간은 상상하는 동물입니다. 문학, 예술, 과학, 기술은 물론 위대한 발견과 발명은 모두 상상에서 출발했어요. 상상이 자동차를 만들었고, 상상이 비행기를 만들었고, 상상이 우주선을 만들었고, 상상이 인공지능을 만들었어요. 상상이 고흐의 〈별이 빛나는 밤〉을 만들었고, 상상이 한강의 『채식주의자』를 만들었고, 상상이 단군 신화를 만들었어요. 분명히 인간의 상상이 인류를 태양계로, 태양계를 넘어 은하로, 은하를 넘어 다른 우주로 가게 할 겁니다. 어때요? 여러분도 그런 상상의 대열에 참여해 보지 않겠어요?

우주를 만지다

**물리학자의 시가 있는 에세이
과학자, 문학평론가, 시인, 소설가 모두가 극찬한 책!**

작은 원자 단계의 미시세계부터 감히 그 끝을 가늠할 수 없는 우주 너머의 거시세계까지, 우리가 발을 딛고 살고 있는 세상을 물리학자의 시선으로 바라본 과학 에세이다. 지적 호기심을 자극하는 과학 이야기뿐만 아니라 물리학자의 연륜이 담긴 인생에 대한 고찰, 모든 이야기의 끝에 배치된 짧고 인상적인 시편까지 담았다.

★ 2020 문학나눔 선정도서

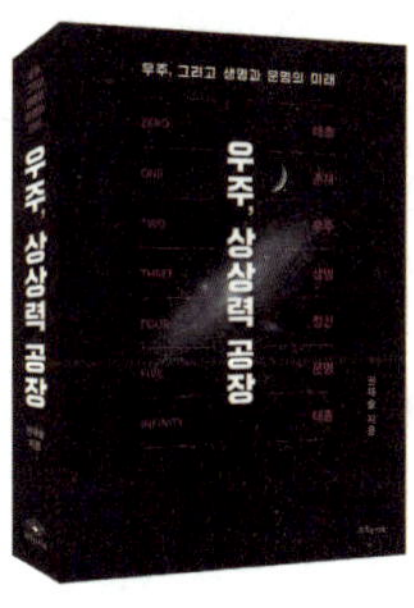

우주, 상상력 공장

**"우주는 그 어떤 몽상가의 상상보다도
더 대단한 일이 벌어지는 공간이다!"**

우주의 탄생인 '태초'부터 종말인 '태종'까지 논하면서 그 사이의 텅 빈 시간과 공간을 존재, 우주, 생명, 정신, 문명 등으로 채운 단 하나의 우주 안내서이다. 과학 이론부터 아직 밝혀지지 않은 138억 년 우주의 비밀을 한 권의 책에 가득 눌러 담았다.

★ 2023 세종도서 교양부문 선정도서

아인슈타인은 없다

우리가 아는 아인슈타인은 진짜 아인슈타인인가?

사람들에 의해 끊임없이 '덧칠'되어 사라져 버린 아인슈타인의 참모습을 찾기 위해 '인간 아인슈타인', '과학자 아인슈타인', 그리고 '아인슈타인의 과학'을 낱낱이 파헤치며 진짜 아인슈타인을 재구성했다. 위대한 과학자이자 순수한 정신을 가진 아인슈타인을 만날 수 있는 책이다.